万马齐喑时代的清才子

江湖夜雨 著

漓江出版社
桂林

图书在版编目(CIP)数据

万马齐喑时代的清才子/江湖夜雨 著. —桂林:漓江出版社, 2017.9
ISBN 978-7-5407-8141-5

Ⅰ. ①万… Ⅱ. ①江… Ⅲ. ①文人-列传-中国-清代 Ⅳ. ①K825.4

中国版本图书馆 CIP 数据核字(2017)第 147172 号

策　　划:景迷霞
责任编辑:王　坤
封面设计:李诗彤
责任营销:景迷霞

出版人:刘迪才
漓江出版社有限公司出版发行
广西桂林市南环路 22 号　邮政编码:541002
网址:http://www.lijiangbook.com
全国新华书店经销
销售热线:0773-2583322

北京汇瑞嘉合文化发展有限公司
(北京市经济技术开发区荣华南路 10 号院　邮政编码:100176)
开本:960mm×690mm　1/16
印张:12　字数:135 千字
2017 年 9 月第 1 版　2017 年 9 月第 1 次印刷
定价:30.00 元

忽忽中原暮霭生

（代序）

荒村野寺，老木寒云——提起清代文坛，给我的印象总是这样一幅图景。这个中国古代文学史上的最后一页，并不像有些人所说的那样，是什么“集封建时代文学发展之大成”，是古代文学的一个“光辉总结”之类的，而是充满了肃杀和寥落之气。

甲申之变，江山易主，满人定鼎中原后，宣布剃发易服，使汉家衣冠荡然无存；对于汉文字，一时间不可能做到尽行毁灭，于是就采取了空前严酷的文字管制和言论管制。

在明代，人们可以自由地刊刻诗集、小说、曲本等，并无丝毫约束。对于一些让道学家们深恶痛绝的文字，诸如《水浒传》《牡丹亭》等“诲淫诲盗”的作品，只好编造作者死后在阴间由阎罗王来“秋后算账”。其实，这只是一种道德谴责罢了。

而到了清代，文化钳制的执行力空前加强，甫一立国的顺治年间，就下了严令：“自今闱中墨牍必经词臣造订，礼臣校阅，方许刊行，其余房社杂稿概行禁止。”也就是说，必须经过官方的审查，才允许书籍刊行，不然就是违法。

与此同时，风雷滚滚，清廷以雷霆手段，制造了一个个让读书人惊魂破胆的“文字狱”！读过金庸小说《鹿鼎记》的读者都记得，开头写的就是《明史》一案，冤死者七十余人，校书、刻书、卖书甚至读书的都被处以极刑,有的甚至是被凌迟,家产充公,妻子儿女发配边疆受苦受辱。这给天下的文人一个非常恐怖的警示。有些推崇康熙爷的,把这件坏事,放在鳌拜头上,然而五十年后,戴名世的《南山集》案,却正是康熙亲自督办的。这一场大案,牵连被处死者比“明史案”多得多,足有三百多人。这说明,在执行文字狱政策上,康熙和鳌拜是没有什么区别的,他们之间的矛盾,和底层文人们啥关系也没有,不要见扳倒了鳌拜,就眼含热泪把康熙当亲人。

当然,和后来的皇帝比起来,康熙还不算最狠的一个,换上阴恻嫌猜的雍正帝,曾静案、吕留良案、屈大均案、“维民所止”案,一个个文字狱的“大案要案”,络绎不绝,成了“连续剧”。由于很多人靠告密发家,所以告讦蜂起,士林中人人自危,噤若寒蝉。

“十全老人”乾隆帝,号称文治武功一时全盛,文字狱自然也是从不落后。他在位时,文网愈加酷密。康雍两朝,虽然严酷,但那些案子,还有一多半确实是有问题,有人确实是抒发了对剃发易服的不满,对故国旧朝的眷恋;但乾隆时的好多文祸,根本就是捕风捉影,说起来非常荒唐可笑。正如鲁迅先生说的那样:“大家向来的意见,总以为文字之祸是起于笑骂了清朝,然而,其实是不尽然的。有的是鲁莽;有的是发疯;有的是乡曲迂儒,真的不识忌讳;有的则是草野愚民,实在关心皇家。”

像胡中藻案,只因为他诗中写了“一把心肠论浊清”,“浊”字在“清”之前,就被认为是诽谤清朝,他因此遭到斩首。徐述夔《一柱楼诗集》中有“清风不识字,何故乱翻书”一句,结果自己死后也不得安生,尸体被刨出来砍头示众,子孙也都被屠戮殆尽。江西老儒王锡侯,觉得《康熙字典》虽然大而全,但查阅起来并不是太方便,于是想发挥余热,来个锦上添花的工程,重新编辑了一本《字贯》,自费刊印。谁知道马屁拍在马脚上,乾隆认为这是对康熙的大不敬。于是王锡侯被处死,地方官江西巡抚满人海成,当时没有意识到事情的严重性,只建议革除王锡侯的功名,被乾隆叱为办事不力,落了个革职下狱的悲惨下场。可想而知,自此以后,各级官员对于文字狱案件,无不从重从快进行处理。

于是,有清一代,握着笔杆子的人,从来没有这样紧张过,有些官场老狐狸,像刘罗锅的父亲刘统勋等人,警惕到尽量不与别人通书信,一切不必要的笔墨文字,都统统烧掉,以免成为引爆文字之祸的引信。

在这样的情况下,文人们变得如冻蝇寒蝉一般木讷迂腐,写历史不敢,有"明史案"血淋淋的教训摆在那里;诗文不敢乱刻,指不定什么地方,有什么"清""明"之类的字样不对头,引来杀身抄家之灾,甚至遗祸儿孙;就算是编本字典,也有可能犯下死罪,《字贯》可是一串人掉了脑袋。所以说,清代文人一动笔,就仿佛有无数条蛛丝缚住他的手,无数条绳索缠住他的心。他们怎么能像唐宋文人那样挥洒笔墨,淋漓诗酒呢?

所以《红楼梦》的凡例中郑重提到,"此书不敢干涉朝廷,凡有不得不用朝政者只略用一笔带出";前头说了,还嫌不够,后面又说,"作者本意原为记述当日闺友闺情,并非怨世骂时之书矣"。这样的文字,充分表明了当年文网之酷密,形势之严峻。

所以,不少的清代老儒,皓首穷经,钻进古书堆中搞训诂、考古、校勘之学,成了书中蠹虫。清代的文坛,越发死气沉沉,弥散着陈腐朽烂的气味;又如北国里的冬日,阴霾蔽天,雾气沉沉,让人压抑。龚自珍有诗曰"忽忽中原暮霭生",写出了当时的阴郁沉寂。

然而,正如寂寞冬日里仍然有水仙负冰,蜡梅绽放,清代文人虽然大多类似咽露秋虫,舞风病鹤,但他们还是倔强地活出了自己的色彩,自己的光芒。像批点古今的金圣叹、写鬼写妖的蒲松龄、竹节石骨的郑板桥、抒发性灵的袁枚、指摘儒林的吴敬梓、疾呼风雷的龚自珍,等等，一起打破了这两百来年的沉闷。正是这些才子，从这座“绝无窗户而万难破毁”的文化铁屋子里撕开一道道缝隙，透进来些许清新的空气。这些清才子，正如冰崖上的野花，暗夜中的燧火，特别珍贵而难得。

“血沃中原肥劲草，寒凝大地发春华”，感谢这些才子们的坚执，不仅给我们增添了文学宝库中的一件件珍品，而且延续了中华传统中的不屈精神。噩梦连连的黑夜，不会长久存在，醒来就是东方欲晓的满天云霞；雪虐风饕的严冬，也终将会过去，过去就是绚丽烂漫的万紫千红。正如龚自珍笔下所写：“叱起海红帘底月，四厢花影怒于潮。”

目　录

一代狂生金圣叹

《红楼梦》中说有一类人是“其聪俊灵秀之气，则在万万人之上；其乖僻邪谬不近人情之态，又在万万人之下”，并开列了一个名单：“如前代之许由、陶潜、阮籍、嵇康、刘伶、王谢二族、顾虎头、陈后主、唐明皇、宋徽宗、刘庭芝、温飞卿、米南宫、石曼卿、柳耆卿、秦少游，近日之倪云林、唐伯虎、祝枝山……”

这个“梗”我在写《唐才子》时就提过，现在重新回顾，觉得这个名单上也不完全是同声同气的一类人。单说文士之中，刘庭芝（刘希夷）就和阮籍这种狂士不大一样，秦少游也不是太狂诞的人，不过总体觉得，是以狂士居多的，但不知为什么像祢衡那样的人却不能入选呢？

这个名单看来截止日期是明代，我觉得如果往下续的话，清初的这位狂生，有“儒妖”之称的金圣叹，应该是当之无愧的最佳提名。

圣人的赞叹

金圣叹和上面才子名单中的唐伯虎、祝枝山是同乡，都生于苏州。这姑苏城，向来是人杰地灵，就连写小说，也是把林黛玉、妙玉这样的可人儿安排在苏州生长。

金圣叹生于1608年，时为明神宗万历三十六年。他的生日是三月三日，相传这是文昌帝君的生日，所以有人觉得他就是文曲星下凡。关于他的名字，有人说他原名金采，又名人瑞，也有说他原姓张，名喟。

好多人看到“圣叹”这两个字，就觉得之所以有这个名字，是因为他太狂妄了，连圣人看见了也要摇头叹气。然而，这应该属于望文生义，原意并非如此。其实“喟”“叹”都出自儒家经典《论语》。孔子让弟子们各自抒发一下理想，曾点说他的理想生活是，“暮春者，春服既成，冠者五六人，童子六七人，浴乎沂，风乎舞雩，咏而归”，结果“夫子喟然叹曰：吾与点也”——我赞成曾点的看法啊！所以，这里的“圣叹”，应该是圣人赞叹，而不是圣人也管不了他，只好唉声叹气的意思。

这事在金圣叹的铁杆粉丝，同时期清代文学家廖燕的《金圣叹先生传》中有过记述，而且上面的解释据说是金本人亲口说的。大家总该信了吧？

金圣叹小时候虽然聪明，但不喜欢苦读教科书，和贾宝玉一个德行，喜欢“杂书”，佛经啦、小说啦、戏文啦，这些东西他最喜欢看，这在当时称得上是“不务正业”。

其实所有的才子，都不喜欢循规蹈矩地生活，这是性情使然。金圣叹曾经回忆道，“在乡塾中，临窗诵书，每至薄暮，书完日落，窗光苍然，几年如一日也”，这样的日子是令他非常郁闷的。

金圣叹眼高于顶，目空一切，不喜欢被礼法试题桎梏束缚。他曾经回忆说：“为儿时，自负大材，不胜侘傺，恰似自古迄今，只我一人是大材，只我一人独沉屈者。”

骅骝、赤骥之类的骏马，当然不愿意像老牛一样低头耕田、抬头拉车，它们要有自己驰骋的天地。

自负大材，不胜侘傺

然而，“小姐身子丫鬟命”，晚明的八股科场，难以容得下金圣叹这样的人，这类不按牌理出牌，经常别出心裁的考生，历来是被排斥在外的。金圣叹考中秀才之后，就再也没能高迈一步。

当年州府衙中的一场“错题案”，如今史书上仍有记载。那次试卷发下来了，考生们发现《经义》题中的“霈”被误写成“沛”，有人就提出质疑，考场出现了骚动。出题官雷万春为万历进士，明知自己有错，但也要硬撑下去，于是模棱两可地说：“有雨原是霈，无雨也是沛。”别的考生哪里敢和考官作对，都默不作声了。偏生金圣叹脾气倔，非得追求真理，他在卷末写道：“可笑无雨干打雷，去头莫非田舍汉?”直接嘲笑考官，你说有雨没雨无所谓，你的姓“雷”这个字，没了雨不就成了干打雷，“雷”字去了雨，岂不成了“田”字，你就是个田舍(庄稼)汉了！然而，这样毫不留情地和考官开玩笑，后果很严重——雷万春大怒之下，将他“三科不予拔置”。

屡屡科场失意的他，于是就开始“捣蛋”。这也是才子们经常玩的把戏，上面的才子“名单”中的温飞卿(庭筠)就是一例。他经常在科场故意帮人做题，偷传答案，弄得考官不胜其烦，十分头疼。

金圣叹则是故意在考卷上胡写乱答，跟阅卷考官开玩笑。比如有一年考题是“如此则动心否乎”。这是《孟子》中的句子，当时的考题，都是摘一些儒家经典中的词句当题目的，然后让考生顺杆爬，敷衍一些儒家经义，就基本合格了。

但金圣叹写道：“空山穷谷之中，黄金万两；露白葭苍而外，有美一人。试问夫子动心否乎？曰动、动、动……”一连写了三十九个“动”

字,看得考官瞠目结舌。他还振振有词地解释:“之所以写三十九个‘动’字,是因为孟子说‘否,我四十不动心’啊!”明清时的考官多是冬烘迂腐之辈,一看这金圣叹什么都懂,什么都知道,但就是不好好答题,这样的考生,绝对不能要,于是见他一面,就黜落他一次。

在试卷上发牢骚、胡写乱画,调戏考官,挑战教育体制,看来也是悠久传统了,千百年来,几乎是前赴后继,代有其人。

科场失利,金圣叹于是就开坛讲学。他凭借其博学多才、诙谐幽默、放诞大胆,还是很有“收视率”的。时称:“以聪明穿凿书史,班放不羁,每食狗肉,登坛讲经,缁流从之者甚众。”见惯了古板严肃的老先生们,突然来了个金圣叹,没深没浅,没上没下,满口惊世骇俗的段子,大家能不耳目一新吗?有朋友可能说:“你怎么知道金圣叹讲学,就是满口段子,口无遮拦?”其实,这不难从金圣叹的文字中推测,看他写的那些批点文字,激愤起来呼天抢地,幽默起来也不断刷新下限。比如他的《不亦快哉》三十三则中,说了一些风雅、半风雅的事情后,突然来一则:“存得三四癞疮于私处,时呼热汤关门澡之。不亦快哉!”怎么能不令人笑得呛水喷饭呢?

由于多才多艺,性格开朗,再加上善于言谈,所以他和什么人都交往得很投机,所谓:“如遇酒人,则曼卿轰饮;遇诗人,则摩诘沉吟;遇剑客,则猿公舞跃;遇棋客,则鸠摩布算;遇道士,则鹤气横天;遇释子,则莲花绕座;遇辩士,则珠玉随风;遇静人,则木讷终日;遇老人,则为之婆娑;遇孩赤,则啼笑宛然也。”

形形色色的人物,金圣叹都能打成一片,连哄小孩也有一套:“遇孩赤,则啼笑宛然也。”放在今天,金圣叹很有可能成为一位类似明星学者的人物,再不济也能在各种培训班里讲学捞金。

然而,在当时,讲学实在是没有多少收入,“不事生产,不修边幅”

的金圣叹,也一度“贫士何所有,儿女一屋声”。友人王斫山赠给他白银三千两,让他放债营利,本钱还归老王,但让金家收获一些利息来度日。结果不到一月,金圣叹就将“隔壁老王”的这些银子全部用了个精光。可谓“杀鸡取卵、竭泽而渔”,自断了一条谋生之路。

所以,金圣叹的生活,也充斥着郁闷,他在《水浒传》的评语中有这样一段话:“寒冬深更,灯昏酒尽,无可如何。因拍桌起立,浩叹一声,开门视天,云黑如磐也。”这种无钱、无酒、无光、无伴、无聊、无奈之情,写得非常真切,可谓于我心有戚戚焉。

苏州“三妖”之儒妖

金圣叹作为一个狂放无忌的怪才,当时拥戴者不少,嫉恨鄙视者也很多,讨厌他的人诬蔑金圣叹为“儒妖”。据说当时苏州有“三妖”:“金圣叹儒妖,三茁和尚僧妖,王子嘉戏妖”。三茁和尚以及唱戏的伶人王子嘉,也都是出名的怪人,然而,清朝那种历史氛围,是容不下特立独行的人存在的,“僧妖”“戏妖”早在顺治十二年,就被地方官逮捕,枷号在苏州城门外,活活折磨死了。金圣叹的结局,大家也知道,最后也是人头落地,当了无头之鬼。

金圣叹之所以被称为“妖”,还有一个重要的原因,就是他比较喜欢装神弄鬼。他曾经利用“扶乩”这样的手法,来假托一些神鬼幽灵之类写诗作文。所谓“扶乩”,一般上面用一个横棍悬一支笔,两人用手指顶着横棍,下面则有一个沙盘(当然后来也有用纸的),笔在沙盘里画出纹路后,主乩人就解读出来,据说能请到各路鬼神来附体显圣。如果有读者嫌我说得不明白,请自己补一下课,把《笔仙》那几部电影找来看几遍,不过胆子小的女生要谨慎,而且最好不要在深夜里看。

崇祯八年,钱谦益从朝堂里被排挤出来,回到江南。二十七岁的金圣叹,为了结交这位当时的名宿,于是假托“笔仙”慈月夫人下凡,与钱谦益进行了唱和,这就是有名的《仙坛倡和诗》。

金圣叹扮演的这个“慈月夫人”,据称是天台弟子智朗因为犯了事降为女人身,后又修成仙的。现在人们对于鬼神还是半信半疑,古人更是信多疑少,于是钱谦益十分痴信,还写了《天台泐法师灵异记》一文,力驳世人的怀疑。

民间故事说,钱谦益是金圣叹的舅父,钱降清后,金圣叹曾在他的寿宴上当众写下“一个文官小花脸,三朝元老大奸臣”一联,对他进行了无情的嘲讽。这事应该是虚构的,首先,金圣叹作为大才子,就算是出言讽刺,也不会写这种打油式的俚语对联,这个对联,只适合逗民间百姓们乐乐,绝对不是上层文人圈里玩的那种“精致的淘气”。其次,金圣叹其实并不是坚定的反清复明义士(真正反清的那些才子,我根本不在此书中写,以免冠以“清才子”的名号,惹他们泉下不快),他本人对清王朝也是想亲近拥护的。

顺治十七年(1660)春正月,金圣叹已经五十二岁,一位朋友从北京回来,转告金圣叹,说顺治皇帝读到他所批注的才子书,夸道“此是古文高手,莫以时文眼看他”等语。金圣叹听了“感而泪下,因北向叩首”,以为有了皇帝的赏识,平步青云指日可待,早忘了自己曾经写过的什么“人生三十而未娶,不应更娶;四十而未仕,不应更仕”之类的话,看来这功名利禄对于人们的吸引力还是很大的,正应了任我行所说的:“嘿嘿,偏偏年纪越老,越是心热。”

金圣叹热泪纵横,跪在苏州望北京(“某感而泪下,因北向叩首敬赋”),挥笔写下《春感》八首,其中谀辞如潮,如:“忽承帝里来知己,传道臣名达圣人。合殿近臣闻最切,九天温语朗如神”。并且自我膨胀得像个气球,“何人窗下无佳作,几个曾经御笔评”,得意之情溢于纸外。随之就有类似“一个鸡蛋的家当”式的美好畅想:“半生科目沉山外，今日长安指日边。借问随班何处立，香炉北上是经筵。”——马上就能召入京师，成为皇帝驾前站班侍立，身沾御炉之香的近臣啦，所以，金圣叹有什么理由来嘲讽钱谦益呢？

顺治是真的喜欢金圣叹，还是偶尔发了那么一句议论，事后就丢到九霄云外了？这事恐怕已经不得而知，但更糟糕的是，就算顺治真有此意，也没指望了，因为过了不久，顺治就死了（五台山出家一般认为是传说）。

不过金圣叹仍然残存着一丝希望，当康熙登基诏书传至苏州，金圣叹也慌忙“赋诗纪瑞”，鼓吹歌颂：“风云有相济，新诏布康熙。”然而等来等去，没等到头上的乌纱，反而连头也给弄没了。

砍头最是苦事，无意中得之

祸端是发生在顺治十八年（1661）二月初的“哭庙案”。顺治皇帝去世的哀诏抵达苏州后，苏州的百余名秀才趁地方官也来哭临的机会，到文庙里鸣钟击鼓，并到府堂上跪进揭贴，要求惩办吴县县令任维初。这个任维初是个暴虐的贪官，他侵吞了粮食三千余石，却还贪得无厌地催租催税，这狗官为了树威风，用“大毛竹片数十浸以溺”，声称“功令森严，钱粮最急”，对交不上钱粮的人重重责打，不一会儿就活活打死一人，任维初正是想以此来恐吓不听话的人。

江南一带，在明末就有经常爆发群体性事件的传统，《五人墓碑记》中记载的故事就不说了，我的《明才子》中也提过，董其昌因做下许多丑事恶行，也被当地群众来了个“民抄董宦”事件。于是，民情激愤下，才有了“哭庙”这次行动。这其实和“反清复明”是扯不上关系的。余秋雨先生在《文化苦旅·白发苏州》中写道：“你看大明亡后，唯有苏州才子金圣叹哭声震天，他因痛哭而被杀。”仿佛金圣叹是大明烈士，其实是表错了情。

不过，到了清朝后，朝廷对于这场借悼念“领导人”去世发动的群众运动，打击得十分严厉，再说当时的江苏巡抚朱国治，本身就是个贪官酷吏，他和任维初是一丘之貉，所以当场逮捕了十一名秀才。虽然金圣叹没有在场，但他好弄笔墨，是哭庙文的起草人，所以也给牵连进去了。也正像鲁迅先生曾经评论过的：“金圣叹的死，是因为他早被官绅人认为是坏货的缘故。”

四月二十七日，金圣叹被如狼似虎的差役锁拿到了公堂，当时他还想着顺治皇帝夸他那回事呢，口里高呼先帝的名号，结果当场被掌嘴二十下，打得满口鲜血淋漓。

朱国治将哭庙文的起草人金圣叹定为首犯，和倪用宾、沈琅、顾伟业等十八人一起判了死罪，七月十三日立秋，在南京三山街行刑。

也许是后人对金圣叹之死极为痛惜，所以有林林总总的传说，其中有关于他临刑之前还不忘幽上一默的故事。虽然这些事真真假假，但也简要录下，给大家看看：

第一则：金圣叹身陷囹圄将被斩首时，叫来狱卒说“有要事相告”，狱卒以为会有什么重大事情，于是认真聆听。结果，金圣叹故作神秘地说：“花生米与豆干同嚼，大有核桃之滋味。得此一技传矣，死而无憾也！”

第二则：当刽子手挥刀斩落金圣叹的人头后，从他耳朵里滚出两个纸团，刽子手疑惑地打开一看：一个是“好”字，另一个是“疼”字。

第三则：行刑的时刻将到，金圣叹的儿子望着即将永诀的慈父，泪如泉涌。金圣叹虽心中难过，但还不忘和儿子对对联，于是吟出了上联："莲（怜）子心中苦"。儿子跪在地上哭得气咽喉干、肝胆欲裂，哪有心思对对联？还是金圣叹自己对了出来，说："梨（离）儿腹内酸"。旁听者无不为之动容，黯然神伤。

第四则：那年雪早，行刑前下起雪来，金圣叹高声吟了一首诗："天悲悼我地亦忧，万里河山带白头。明日太阳来吊唁，家家户户泪长流。"吟罢刀光一闪，一代才华横溢、不畏权贵的文坛巨星就这样陨落了。

第五则：金圣叹跟报国寺里的老和尚说，想批点佛经，老和尚当然不容他亵渎佛法，于是两人争论起来。老和尚说："我出一个对联，你要是对上，就可以批佛经。"当下说了个"半夜二更半"，饶是金圣叹才思过人，却也一时被难住了，只好悻悻而回。等到临刑前，听说是中秋节时行刑，于是忽然有了下联"中秋八月中"。只可惜，他却没有办法亲自去见老和尚，也没法批点佛经了。

以上的故事，充分说明了金圣叹面对死亡时的超脱态度，但基本上都不是事实，糅合了众多的传说在其中。像那首比喻非常生动的《绝命诗》，明显就是夏行冬令，行刑时的日期是七月十三日，这一天，是立秋的节气，但大家都知道，立秋时分，"秋老虎"是十分厉害的，所以，在南京这样的地方，雪哪里能来得？"万里河山带白头"这样的情景，绝对不可能有的。事实上，刑场之上，也容不下金圣叹和儿子从容对答（当时家属也被充军），据当时人写的《辛丑纪闻》记载："至辰刻，狱卒于狱中取出罪人，反接，背插招旌，口塞栗木，挟走如飞。亲人观者稍近，则披甲者枪柄刀背乱打。俄尔炮声一震，一百二十一人皆毙死。披甲者乱驰，群官皆散。法场之上，惟血腥触鼻，身首异处而已。”

看到没？“口塞栗木，挟走如飞。亲人观者稍近，则披甲者枪柄刀背乱打”，这些犯人虽然没被“割喉”，但也是说不出话来的，亲人也不能靠近，一靠近就有全副武装的兵丁用枪柄刀背乱打，这种情况，哪能从容对对联？要说金圣叹曾经说过“砍头最是苦事，不意于无意中得之”这样的话，倒还是可信的。但想在刑场上秀一把黑色幽默，绝对不可能，残暴的清政府是不会这样“人性化”的。

金圣叹惨死刀下，一代“文曲星”就此陨落；但是，范进的老丈人，大老粗胡屠户尚且知道“文曲星”打不得，杀了“文曲星”的朱国治，后来也果报不爽。

朱国治其实是个大贪官，他不断罗织大狱，搜刮无度，人称“朱白地”，在他的鞭扑纷纷下，江南衣冠扫地。吴伟业、徐乾学等名士亦不能免。探花叶方霭欠一枚钱，亦被黜，故民间有“探花不值一文钱”之说。但封建王朝中当官只要能取悦上官，贿赂上官，就能提拔。1671年，康熙将他提拔为云南巡抚，加太子太保兼少保，结果这厮在任期间克扣军粮，还是贪酷成性，光是见面礼，一等州府的知府每人都得交三千两银子，其他州府每人两千，县令一级，一等县每人一千，二等县八百，三等县六百，许多不许少。当时的大理知府算是凤毛麟角级的清官，因为拿不出这笔见面银子，被“朱白地”逼得都哭了出来，最后还是吴三桂替他垫了三千两银子，这才勉强对付过关。

“草怕寒霜霜怕日，恶人自有恶人磨”，这吴三桂可不是善茬，他后来起兵造反，将朱国治拿来祭了旗，枭首开膛，众士兵分食其肉，死得很惨。

不过在电视剧《康熙王朝》中，这“朱白地”摇身一变，成了忠臣义士，剧中导演安排他慷慨陈词，怒骂吴三桂，感动了不少不明真相的观众：

> 当今皇上虽是满人，但他上守天道，下拜孔圣，说我中华语言，书我中华文字，奉行中华体制，奉养中华黎民，实际上，并非汉人化入满族，而是满人化入我中华的千古文明啊！更何况，明末诸皇昏聩腐败，忠奸不明，早已到了改朝换代的地步。大清入关以来，天下初定，人心思安，而大人（吴三桂）你却以反满为名祸乱天下！你谋求的是一己之私，受苦受难的却是各族百姓！你虽是汉人，却是个汉贼！是中华民族的祸害！

其实，就算吴三桂不是好东西，这个朱国治也不是什么好人，他们顶多是狗咬狗罢了，用不着“敌人的敌人就是朋友”，把这样一个劣迹斑斑的家伙给树成英雄楷模。

“哭庙案”只是清朝文字狱的开端罢了，后来的“明史案”“南山案”，波及越来越大，越来越严酷，完全堵塞了知识分子们说话的渠道。当时有明文规定：“军民一切利病，不许生员上书陈言，如有一言建白，以违制论，黜革治罪”——言论自由给限制了，“生员不许纠党多人，立盟结社，把持官府，武断乡曲，所作文字不许妄行刊刻”——出版、结社的自由也没有了。所以，像明代文人那样，组建什么“吴门羽朋社”“吴门匡社”“武林读书社”“山左朋大社”“中州端社”“莱阳邑社”“浙东超社”“浙西庄社”这一类眼花缭乱的机构，全部属于非法。正是“九州生气恃风雷，万马齐喑究可哀”。

金圣叹是个有晚明气味的人，只可惜跨入了清朝这个时代，所以，成了清代文字狱最早的牺牲品。

生不逢时！

令千古才人心死

金圣叹的才情，最突出的是在评点批注古书上面。他把《离骚》《庄子》《史记》《杜诗》《水浒》与《西厢》合称“六才子书”，认为它们是最具有灵气和才情的作品。但我觉得虽然杜甫诗也是诗歌中的上上品，但“气味”和其他这些才子书略有不和，反不如李商隐的诗更像才子书。但当年的人，对杜诗是极为崇拜的，我觉得金圣叹可能是用这来提升其他才子书的身价的。

他批点这些“才子书”并不是按顺序来的，最先批点的是《水浒》，影响最大的也是《水浒》这一本。金圣叹的这句话，后来成了我们归纳《水浒》特色时的招牌性语句：“《水浒》所叙，叙一百八人，人有其性情，人有其气质，人有其形状，人有其声口。”旧时小说，往往被认为是低俗文字、地摊文学之流，但金圣叹却赞道：“天下之文章，无有出《水浒》之右者；天下之格物君子，无有出施耐庵右者。”并夸赞说：“自《水浒》以外，都更无有文章。”

这些观点，在持重老成的人看来，未免有些偏激，但金圣叹就是个易冲动、易走极端的人，用“至情至性”这几个字来形容他，是再恰当不过了。他幼年时读《西厢》，看到那句“他不偢人待怎生”——“他不理睬人家，这可怎么办？”就因为这句话，金圣叹废书不起，嗒然若丧，卧床不语不食者三四日。放今天，金圣叹肯定是那种坐在电影院里，经常为剧情哭得稀里哗啦的观众；当然，豆瓣点评上，也少不了他活跃的身影。

由此看来，金圣叹还是有几分林黛玉式的易感和纤细心态的，他在《第六才子书》序二中曾表达过一个愿望，愿转世为女，陪侍后世的才子：“后之人既好读书，必又好其知心青衣。知心青衣者，所以霜晨雨夜侍立于侧,异身同室,并兴齐住者也。我请得转我后身便为知心青衣,霜晨雨夜侍立于侧而以为赠之。”

在读书批书的过程中,他的情绪也时常强烈波动,读到伤感时,他说:“不觉为之一哭失声。哭竟,不免满饮一大白。”意思是要喝一大杯酒。过了一会儿,又读到气愤处:“我欲唾之而恐污我颊,我欲杀之而恐污我刀。怒甚,又不免满饮一大白。”后来又读到慷慨处:“不觉为之慷慨悲歌,增长义气。悲哉!壮哉!……感激之至,又不免满饮一大白。”

然而,当写完“满饮三大白”之后,金圣叹却又幽默地写道:“或曰:然则当子之读是篇也,亦既大醉矣乎?笑曰:不然,是夜大寒,童子先睡,竟无处索酒,余未尝饮一白也。”

他自己设想,可能有人会说,你喝了这么多酒,是不是现在已经醉啦?金圣叹又自己笑着作答:“不是这样啊,这天太冷了,童子先去睡了,没人给弄酒来,我其实一滴酒也没喝。”——敢情前面全是忽悠我们啊!

金圣叹其实是太寂寞了,连和他进行心灵沟通的人都找不到,如果他知道现代有了网络,可以随意找到海内外知己聊天的话,他恐怕会羡慕死了。他也不会有“快意之事莫若友,快友之快莫若谈,其谁曰不然?然亦何曾多得。有时风寒,有时泥雨,有时卧病,有时不值,如是等时,真住牢狱矣”的感慨了。而当时没有办法,他只能自言自语,把一腔郁闷写在书里。

在批点《水浒》中,金圣叹这种“左右互搏”的习性发展到极致,他居然伪造了一个所谓的古本,砍去了招安之后的情节,还伪造了施耐庵的一个序言。几百年来,瞒过不少人。不过他这个序言写得还真是不错,我觉得就算是施耐庵复生,看了后,也不会生气,因为这篇文章写的是千古以来所有写作者的共有情感:

然而经营于心，久而成习，不必伸纸执笔，然后发挥。盖薄暮篱落之下，五更卧被之中，垂首拈带，睇目观物之际，皆有所遇矣。

这段话，我曾经在我的第一本书稿《江湖夜雨品水浒》中提到，当时感慨极深，现在看来，也是觉得写出了所有创作者既执着劳苦，又沉醉其中的一种状态，非身历者不能道也。

关于《水浒》中他对人物的众多评论，这里就不再详细说了，说起来又是一本书的话题了。

金圣叹点评的《西厢记》，也是相当精彩的，当时此书被视为“淫书”，而金圣叹大胆反驳道：“断断不是淫书，断断是妙文。”又说不能因为此书中写了男女性事就摒弃之：“细思此一事，何日无之？何地无之？”“则自从盘古至于今日，谁人家中无此事者乎？”“谁人家中无此事，而何鄙秽之有？”

同时期的清代文学家李渔曾叹道：“读金圣叹所评《西厢》，能令千古才人心死”，“不特作《西厢》者心死，凡千古上下操觚立言者之心，无不死矣！”又说：“圣叹之评《西厢》，可谓晰毛辨发，穷幽极微，无复有遗议于其间矣”，“千古奇文，非人为之，神为之、鬼为之也，人则鬼神所附者耳”。

其实在金圣叹之前，也有过许多的批书者，但他们都不如金圣叹才气纵横，批注的文字也不如金圣叹的精彩好看。金圣叹的原计划，是将《离骚》《庄子》《史记》《杜诗》《水浒》与《西厢》这六本“才子书”都评点一遍的，正像他所说过的：“无病无恼开眉吃饭，再将胸前数十本残书一一批注明白，即是无量幸甚！”

只可惜，清廷的屠刀挥落，这颗满是机巧幽默的脑袋给砍掉了，金圣叹的愿望再也无法实现了！到现在，《杜诗》只有部分残稿，其他的才子书,金圣叹根本没来得及动笔。

金圣叹临终时写的绝命诗,还是记挂着自己这几本书呢:

绝命词逸诗

鼠肝虫臂久萧疏,只惜胸前几本书。
虽喜唐诗略分解,庄骚马杜待何如!

然而,后世人似乎对金圣叹评点的《水浒》《西厢》最感兴趣,而对杜诗什么的也没有抱太多的期望,这或许是因为后两种"通俗文学"更利于金圣叹的激情和才情的发挥吧。

清末著名学者梁启超,觉得金圣叹的遗憾是:"余于圣叹有三恨矣。一恨圣叹不生于今日,俾得读西哲诸书,得见近时世界之现状,则不知圣叹又作何等感想;二恨圣叹未曾自作一小说,倘有之,必能与《水浒传》《西厢记》相埒;三恨《红楼梦》《茶花女》二书出现太迟,未能得圣叹先生之批评。"

要满足上述的条件,恐怕金圣叹要出生在民国时期才行。我觉得如果到了民国,金圣叹恐怕要成为和辜鸿铭相类似的人物。辜也是一样的怪杰狂儒:有一年,袁世凯的部下张勋过生日,辜鸿铭送了一副对联,上联是:荷尽已无擎雨盖;下联是:菊残犹有傲霜枝。事后,辜鸿铭故作神秘地问胡适,这副对联有什么含意。胡适笑答:"'菊残犹有傲霜枝',当然是指张大帅和您老的辫子了。但不知'擎雨盖'是指什么?"辜鸿铭答:"'擎雨盖'就是清朝的大帽子。"于是两人拊掌大笑。

你看,这和金圣叹的性情很像吧,他们如果能生活在一个时代,就算不是朋友,斗斗嘴,掐掐架,也很热闹的。

金圣叹的诗,写得也很有才情,比如“莫嫌艇子蜻蜓小,半载秋云半载诗”“凭将双眼明如镜,要看烟云世界宽”,等等,我觉得都很好。

但他最为人称道的是这样一首:

宿野庙

众响渐已寂,虫于佛面飞。

半窗关夜雨,四壁挂僧衣。

寂寞无聊中,带出的凄清寥落的意味,很像是金圣叹一生的真实写照!

附录：

毛宗岗和张竹坡

毛宗岗与《三国演义》

自明代李贽首开批点风气之后，晚明到清代，批书成风。金圣叹当然是最出名的一个。他对《水浒传》的影响是非常大的，腰斩水浒，动静不小。在清代文学史上，还有三个批书人，对四大奇书中的《三国演义》和《金瓶梅》起到了至关重要的作用，他们就是毛氏父子和张竹坡。

先说毛本《三国演义》。毛氏父子，父亲叫毛纶，儿子叫毛宗岗，江苏长洲人。毛纶酷爱读书，颇有声名，但是却终生不第，没有做过官。中年以来，竟然双目失明，但虽然眼瞎，还是以批书为乐。正如《鹿鼎记》中韦小宝道："啧啧啧，了不起，瞎了眼睛还会作书写文章。我眼睛不瞎，见了别人写的字还不识，我这可叫作'亮眼瞎子'了！"

好在毛氏父子运气比较好，没有赶上文字狱大兴的那段日子，而且他的儿子毛宗岗也是个喜爱评书之人，父子情深，一同评书品茶为乐，就算生活清苦，也极为快乐自在。这让我想起《水浒传》卷首词中那几句，正像是这种生活的写照："试看书林隐处，几多俊逸儒流。虚名薄利不关愁，裁冰及剪雪，谈笑看吴钩。"

对于《三国演义》，毛氏父子的功绩，不仅仅是评点这样简单，应该说是做了一定的加工改编工作。他们整顿回目，润饰文辞，削除论赞，删减琐事，改换诗文，用今天的话说，就是使得这本书更加具有可读性。

比如刘备二顾茅庐时，跟童子而入。至中门，只见门上大书一联云："淡泊以明志，宁静而致远。"毛宗岗在这副对联下批了一句话："观此二语，想见其为人。"

其实这两句对联，早期版本比如弘治本《三国演义》里并没有，乃是毛宗岗自己增补进去的。虽然这件事大有漏洞，三国时并不流行对联这一习俗，而是五代时孟昶首创后，才兴起的。但是一般的读者却都忽视这一点，这样的增补是吃瓜群众喜闻乐见的，很有助于塑造诸葛亮的光辉形象。

毛本《三国演义》，很突出的一点，就是凸显了尊刘抑曹的价值观。毛氏认为刘备是根正苗红的中山靖王之后，曹乃阉竖养子，只能是篡国之乱贼。虽然按今天的价值观，这已不足为凭，但毛氏坚持这一点，使得《三国演义》的主题更加鲜明。

基于这一思想，毛氏父子对刘备进一步美化，比如原本《三国》在刘备出场时，是这样写的："时榜文到涿县张挂去，涿县楼桑村引出一个英雄。那人平生不甚乐读书，喜犬马，爱音乐，美衣服，少言语，礼下于人，喜怒不形于色……"这些形容词本来是照史书描绘引用，但毛家爷俩觉得这"喜犬马，爱音乐，美衣服"不像好人的德行，于是改为"那人不甚好读书；性宽和，寡言语，喜怒不形于色；素有大志……"

与之相反，曹操出场时，曾经是这样写的："为首闪出一个好英雄，身长七尺，细眼长髯；胆量过人，机谋出众。笑齐桓、晋文无匡服之才，论赵高、王莽少纵横之策。用兵仿佛孙、吴，胸内熟谙韬略。官拜骑都尉，沛国谯郡人也，姓曹，名操，字孟德，乃汉相曹参二十四代孙……"

毛氏父子见了这些，马上动笔删掉了给曹操唱赞歌的文字，"好英雄”三字当然不能要，夸曹操用兵真如神的句子也不能有，连汉相曹参二十四代孙也抹去了，只留下这样的介绍语：“为首闪出一将，身长七尺，细眼长髯，官拜骑都尉，沛国谯郡人也，姓曹名操字孟德。操父曹嵩，本姓夏侯氏，因为中常侍曹腾之养子，故冒姓曹。”

这样一来，曹刘之间的形象差别就格外分明了。虽然这样于历史事实有失尊重，但吃瓜群众喜欢看的就是忠奸分明的脸谱化艺术，这对《三国演义》赢得更多的读者，其实是大有帮助的。

虽然，早在宋代苏东坡就记载过：“小儿听说书人讲三国，闻刘玄德败，则蹙眉，闻操败，则喜唱快”，但刘备集团获得众多的读者拥趸，绝对是《三国演义》的作用，其实毛氏父子也功不可没。

诸葛亮的完美高大形象里，也少不了毛家父子的精雕细刻。比如原本（嘉靖本）之中，在火烧上方谷一回中，诸葛亮用了个“一石二鸟”之计，不仅要消灭宿敌司马懿，同时也想除掉生有反骨的魏延。可能毛家父子觉得这招太过阴损，很损害诸葛亮的形象，所以将这段“唐突昭烈，谩骂武侯”的文字给自作主张地删掉了。

而一些本属子虚乌有的故事，像曹操借口房间紧张，故意让关公和二嫂住在一起那事，用脚趾头想想，也觉得不大可能。但毛家父子觉得能彰显关公是讲义气、不好色的真君子，于是添了一段：“操欲乱其君臣之礼，使关公与二嫂共处一室。关公乃秉烛立于户外，自夜达旦，毫无倦色。操见公如此，愈加敬服。”

然而，虽不真实，这一鲜活的事例，却让人们心目中的关云长，有了很耀眼的光芒。其实这也正是小说和历史的区别，如果一味呆板地按事实叙写，那就是一部纪实文学，并非小说，小说要的就是戏剧性，有虚构，有夸张。

毛氏父子总结《三国演义》的众多妙处：有追本穷源之妙；巧收幻结之妙；以宾衬主之妙；同树异枝、同枝异叶、同叶异花、同花异果之妙;星移斗转、雨覆风翻之妙;横云断岭、横桥锁溪之妙;有寒冰破热、凉风扫尘之妙……这诸多妙处,限于篇幅,此处不一一解析了,大家可以自己参详研究。其实对于文学艺术、小说艺术,毛氏父子确实是很有心得,堪为小说理论之大家。

“青山依旧在,几度夕阳红”,每次我们读起这首词,都会浮现出三国时代的风云画卷,但是,这首词在罗贯中的原本中是没有的,这是由明代杨慎所写的《临江仙》,被毛氏父子移花接木放到了《三国演义》的开头,成为开卷词。事实证明,这样的做法是成功的,给《三国演义》增添了色彩和魅力。毛氏父子做了大量的幕后工作,堪称是《三国演义》的化妆师。但大多数人,却只记得《三国演义》这部不朽名著的作者是罗贯中。

时至今日,毛氏父子的生平事迹都漫漶不详,只有他们留存在《三国演义》中的文字永世流传,足以不朽。

张竹坡与《金瓶梅》

原来我看到张竹坡这个名字,并不了解他到底是一个什么样的人,他在我心目中,是一个苍颜皓首的老先生形象。后来才知道,他也是一位才高命短的才子,二十九岁就早早病逝。

其实很长一段时间里,文坛上也搞不清张竹坡的来历,有的说“竹坡名未详”,有的说“彭城张竹坡,盖徐州府人”,有人从张潮《幽梦影》中见到过张竹坡所评文字,所以推断他是顺治或康熙年间生人,也有人以为他只是书商的化名而已。

随着近年来考证资料的丰富,我们终于知道张竹坡这个命禄皆薄的才子,大致的生平轮廓。

张竹坡，名道深，字自得，号竹坡。相传是汉代张良之后，这事年代太久，真实性无可考证。但比较真实的是他祖籍浙江绍兴，于明代中叶迁到彭城（今江苏徐州）。张竹坡出生于康熙九年（1670）农历七月二十六日，相传其母沙氏“梦绣虎跃于寝室，掀髯而立，化为伟丈夫，遂生竹坡”。

张竹坡从小就聪颖早慧，“甫能言笑，即解声调”，六岁就能赋小诗。一天，一客来访，戏出一联，名“河上观音柳”，小竹坡应声答对“园外大夫松”，举座皆惊奇赞叹。

然而，这样聪明的他，却五次应举，未得一第。所以他写有《拨闷》诗云：“愁到无愁又愁老，何如不愁愁亦少。不见天涯潦倒人，饥时虽愁愁不饱。”

康熙三十二年（1693），二十四岁的张竹坡来到北京，和诗社中人混在一起，长章短句，终日吟咏。但是这对于仕途却没有什么帮助，后来他只好又回到了老家。好在亲人们团聚，天伦有乐：“荆妻执壶儿击鼓，弱女提灯从旁舞。”也就是在这段日子里，张竹坡发现了《金瓶梅》的独特艺术价值，他叹道：“《金瓶》针线缜密，圣叹既殁，世鲜知者，吾将拈而出之。”于是他静坐书斋，闭门终日，完成了十余万字的《金瓶梅》评点。

有人看后，赞道：“此稿货之坊间，可获重价！”——劝他卖给书商，多换点银子花花。哪知道手头并不宽裕的张竹坡却道：“吾岂谋利而为之耶？吾将梓以问世，使天下人共赏文字之美，不亦可乎？”为了天下人更加方便地欣赏到《金瓶梅》的艺术魅力，自己主动放弃了版权，这精神，和居里夫人放弃炼制镭的专利有一比。

评书只是乐趣，既没有经济收入，也不能顶门立户，成为光耀门楣的立身之本。于是张竹坡又离开家乡到南京去参加科举考试，结果，迎接他的是又一次伤心落第！

这时候，张竹坡的生命只剩下最后两年，他在北京认识的朋友，还是起了点作用，有人推荐他到永定河工地上当一个小官，任务是监工。张竹坡因为太缺钱，于是就答应了。等工程完结后，他又卷铺盖回乡，走到河北巨鹿的旅店里，突然发病，呕血数升，同事们急忙喊来医生，但张竹坡已经说不出话来了，陷入昏迷。等慢腾腾的郎中开方煎药，“药汤未沸”，竹坡已经奄然而逝了。

张竹坡其实是个很聪明的人，他看书奇快，其弟曾记载道：“兄读书一目能十数行下，偶见其翻阅稗史，如《水浒》《金瓶》等书，快若败叶翻风，晷影方移，而览辄无遗矣。”他不但看书快，写书也快，十余万字的《金瓶梅》评点，他竟然是半个月写就的，要知道当年只能研墨写字，也不能复制粘贴，所以如果张竹坡能活在现下，起点大神可能都比不上他的。

张竹坡因为生命只有短短的二十九年，所以主要的成就就是那十来万点评《金瓶梅》的文字。张竹坡于《金瓶梅》，正像金圣叹于《水浒》、毛氏父子于《三国》、脂砚斋于《红楼梦》。他们虽然都不是原著者，但都对作品起到了重要的作用。

《金瓶梅》这部奇书，一直是淫书的代表。到网络时代，还流传着一只小猫作发奋苦读状，在认真看书的动态图片，不过书的封面上赫然写着“金瓶梅”三字，于是起到了让人们哑然失笑的效果。

其实，《金瓶梅》并不应该算是淫书的代表，在众多明清情色小说中，《金瓶梅》最不像淫书了。据统计，《金瓶梅》全书共有 100 万字之多，其中描写性行为的文字只有 3 万左右，这就像是一部 100 分钟的电影，就有三分钟的性爱镜头，这应该只算文艺片吧。

而且，《金瓶梅》并不像《肉蒲团》之类的小说那样，就是为了铺叙色情故事而写，它其实写的是当年的世态人情。就算是“淫事”也是当时生活的一个方面，时光过去了几百年，不知有多少西门庆这样的暴发户一代代地生存在这个世间，他们贪婪、淫逸、奸诈、堕落，当然，正像书中所写："到了那结束时，一件也用不着。随着你举鼎荡舟的神力，到头来少不得骨软筋麻；由着你铜山金谷的奢华，正好时却又要冰消雪散。假饶你闭月羞花的容貌，一到了垂眉落眼，人皆掩鼻而过之……"

而张竹坡，正是率先认识到了《金瓶梅》的可贵价值，把它看作天下第一奇书，说作者是"才富一石"的高人，并写出《第一奇书非淫书论》等论述。他说："《金瓶梅》写奸夫淫妇，贪官恶仆，帮闲娼妓，皆其通身力量，通身解脱，通身智慧，呕心呕血，写出异样妙文也。今只因自己目无双珠，遂悉令世间将此妙文目为淫书，置之高阁，使前人呕心呕血做这妙文乃为俗人所掩，尽付流水，是谓人误《金瓶梅》。"

是的，其实从某种程度上来看，《金瓶梅》比《红楼梦》写得更犀利透彻。《红楼梦》中的人物和环境，只存在于极少数的条件中，有多少人能住进大观园，有多少人是少年时代的贾宝玉和林黛玉？而古往今来，一代代人中却有亿万个西门庆，人性的诸多弱点，在《金瓶梅》中的人物身上暴露无遗。

张竹坡率先发现了《金瓶梅》一书结构之精巧，《三国演义》是按编年史的方式写，基本用的是事件和时间轴，《水浒》则有浓重的列传式痕迹，一个人物一个人物地叙写，虽有少许交叉，但可以忽略不计，所以有"林(冲)十回""武(松)十回"之说，后来金庸小说《天龙八部》也有这个特点，而《金瓶梅》则不然，它是一个纵横交错的网状结构，写人物数百，事件逾百，时间跨度十六年，千头万绪，章法不乱。

在诗词中暗喻书中人物的命运，更是《金瓶梅》首创，比如在第二十一回中玉楼的生日宴上，行的酒令就和人物将来的遭遇相仿。《金瓶梅》书中也经常有草蛇灰线，伏脉千里的手法，比如"今日求些周济，也做了瓶落水"，这"瓶落水"三字，就影写李瓶儿后来的病亡，替西门庆写祭文的秀才也恰恰姓水，这绝非巧合，而是作者精心设计的。此类手法，全被《红楼梦》学去。

张竹坡评点的《金瓶梅》，在清代贵族中广泛传播，直接影响哺育了《红楼梦》的诞生，我们细看两书，会找出很多相似的桥段：

1. 刘姥姥向凤姐告贷时，凤姐的说辞和西门庆借给常峙节银子时的说法很相似。（《金瓶梅》第五十六回）

2. 焦大醉后骂人的情节和来旺儿（《金瓶梅》中也有个来旺儿）骂人的情节语气极为相似。（《金瓶梅》第二十五回）

3. 司棋让小丫头莲花向柳嫂要鸡蛋羹的情节和秋菊去厨房要荷花饼、银丝鲊汤，后来惹得雪娥发怒一节十分相似。（《金瓶梅》第十一回）

4. 刘姥姥被鸳鸯等酒席间戏耍的情节，和潘金莲、春梅戏弄陈敬济时，用茶瓯子给他盛酒，给他两个硬核桃作菜相似。（《金瓶梅》第三十三回）

5. 尤氏偷瞧贾珍、傻大舅他们胡闹的情节和玉楼、潘金莲隔着窗偷看西门庆、应伯爵等人吃酒玩乐一节相似。（《金瓶梅》第三十五回）

6. 胡太医给尤二姐看病的过程和任医官给李瓶儿看病的情节相似。（《金瓶梅》第五十四回）

再如李瓶儿和公公花太监关系暧昧，和秦可卿与贾珍关系相似，等等，不再一一讲述。

《红楼梦》的批书者脂砚斋也曾经说作者“深得金瓶壶奥”。然而，如果没有张竹坡批书的功劳，也许《金瓶梅》的艺术价值不会及时让人知晓，《红楼梦》这一伟大作品的诞生也可能受到影响呢。

只可惜，张竹坡因为才高命短，没有自己创作出更精彩的作品，但他的名字，已经和《金瓶梅》一起流传，也算是不枉此生了。

花草精神李笠翁

“天对地，雨对风。大陆对长空。山花对海树，赤日对苍穹……”随着国学热的兴起，《笠翁对韵》这本书又重新“火”起来了，很多儿童也又开始用稚嫩的童声读这些句子。

编著这本书的清代才子李渔（号笠翁），其实也是个“熟人”，中小学语文课本中选有他的《芙渠》一文，此文观点独特，别开生面，点出荷花“有五谷之实而不有其名，兼百花之长而各去其短”的优点来，给用心读书的人留下了很深的印象。

教谕童蒙只是一方面，同样是这个李渔，还创作了少儿不宜的著名情色作品《肉蒲团》，成为限制级文学作品中的一个重头戏，几百年来影响也是颇为深远。

当然，他老少皆宜的作品更多，什么《风筝误》《无声戏》（又名《连城璧》）、《十二楼》《闲情偶寄》《笠翁一家言》，等等，都是不分男女老少，大家都喜闻乐见的书籍。

如果在现在，李渔应该属于文化事业中最成功的那类人物，他是金牌编剧、知名导演、出版界的翘楚、著名社会活动家、美学家、园林设计师。但是在清朝，读书不做官就等于白读书是一种普遍观念，李渔这种整天和下九流的戏班子混一块的人，是不会得到充分尊重的，他出入官宦门庭，顶多算上个清客一类的人物罢了。

然而，那些摘桂步蟾的科甲人物，早已身名同朽，而闲花闲草一般的李渔，却给我们留下了众多的精神食粮。

纸钱心事共成灰

李渔比金圣叹小三岁，生于1611年，在晚明社会中生活了三十三年，也算是深受晚明风气熏陶的人物，所以有人写评论文章时，曾经把他和陈继儒（见《明才子》）来作一下比较。

李渔出生在浙江金华兰溪夏李村的一个商人之家，少时家中还算殷实，经商的氛围，也赋予他一些经营头脑，这大概为他后来投身“文化产业”奠定了基础。

不过前面说过，在旧时，读书做官才是人生第一理想，写书赚钱，只是无奈之举。所以李渔一开始也是认真读书的乖孩子，据说他襁褓中就能识字，“四书五经”过目不忘，他十五岁时在自家后院一棵梧桐树上刻下诗句：

小时种梧桐，桐本细如艾。
针尖刻小诗，字瘦皮不坏。
刹那三五年，桐大字亦大。
桐字已如许，人长亦奚怪。
好将感叹词，刻向前诗外。
新字日相催，旧字不相待。
顾此新旧痕，而为悠忽戒。

李渔以此来激励自己，不要荒废时光，要好好学习，天天向上。不过平心而论，李渔这首诗写得平白质朴，比较一般，远不如前贤们，十几岁就能写出传世佳句。

明崇祯八年(1635),二十四岁的李渔,去金华参加童子试(这童子试不分年龄大小,就算是八十老头,没有考级过关的,也称为“童生”),李渔这一关过得还算顺利,但四年后的乡试中,他却名落孙山,“学历”就止步于“秀才”这一级,没有获取做官的资格。在当时,只要再多迈一步,能在乡试中过关,成为举人,就有了做官的本钱,可能通过种种门路来补缺做官。当然,这远不如通过会试后中了进士,可以直接“分配工作”,理直气壮地当官。

李渔本来也是一直想出人头地,博取声名的。由于他和地方官聊得投机,一个叫瞿萱儒的官员把猎获的两只小虎送给他一只,当时没有动物园,所以普通人对老虎都是只听过,没见过。于是李渔带着小老虎回家时,沿途挤满了围观者,让李渔根本走不动路。小虎带到家里,又有百里内外的男女老幼不分贵贱,纷纷前来观看,有的投只羊羔,有的扔只小鸡,来看老虎如何扑食。李渔这时就思考了:“使人而虎者,炳蔚其文,震作其声,而又不为人所习见之事,则一鸣惊人,使天下贵贱老幼,以及妇人女子,咸以得见为幸,其得志称快又当何如?”

后来,李渔没有凭着文章成名,而是通过写戏曲、小说之类的通俗文字,来迎合大众获取了巨额利润,这恐怕也是他从众人来参观小虎得出的感悟吧。要说李渔这么早就知道了“眼球经济”的重要性,恐怕也是和他出身商人之家有关吧。

不过,李渔的科举之路,越走越是狭窄。历史的时针已经指向了明朝灭亡的时刻,刀兵纷起,“三日人头如雨落”,到处是腥风血雨,李渔第二次赴试,没有到科场,就是因为时局动乱,吓得他赶快回到老家躲了起来。

李渔没有跳过龙门,眼看博取功名无望,心中一度也是十分悲凉的。这年清明节,他到坟前祭告逝去的母亲,写下《清明日先慈墓》一诗:

高冢如山足草莱，松楸虽说几曾栽。

三迁有教亲何愧，一命无荣子不才。

人泪桃花都是血，纸钱心事共成灰。

鸡豚未及存时养，此日椎牛亦枉哉。

此外，他还有《夜梦先慈责予荒废举业醒书自惩》之类的诗句，都是表达有负父母所望，“家祭无颜告乃翁”这样的心情。古代文人，其实都是把求仕做官放在第一位的，如果不遇上磕磕绊绊，几乎没有人会主动放弃这条路。

也许由于明朝的灭亡，李渔在潜意识中有了一个交代，觉得自己不再参加科举，也算是恪守了忠于前朝、不仕清朝的气节。所以，一下子就偷懒了。有时候人就是这样，心中有了一个所谓的“理由”，就可以决定一些事的。

但正是因为功名无望，李渔的满腹才华都发挥在五花八门的“杂学”方面，成为一代文坛奇人，一个到现在也被人津津乐道的“大玩家”。

于是此后的李渔，就活出了一个变幻多姿的精彩人生！

毁誉纷纭说笠翁

李渔的后半生，就像个多棱镜，可以折射出不同的形象来。

一、逍遥湖上的隐士

李渔曾自称为“湖上笠翁”，吴梅村，这个曾经给陈圆圆写过著名的《圆圆曲》的大才子，也有诗《赠武林李笠翁》（此处武林是地名，指杭州武林，不是说他是武林高手），夸他“前身合是玄真子，一笠沧浪自放歌”。确实，李渔曾经长期居住在西湖之畔，以隐士自居。但是，李渔却不像诗中所说的玄真子张志和,人家张志和光棍一个,整天在湖上打鱼避世,生活极为俭朴和简单,李渔却是妻妾成群,整天要吃得精致,住得雅致,玩得张致。虽然他的戏中也曾经借莫渔翁这个人物的口说道:

> 我这扳罾的生意,虽然劳苦,打鱼的利息,虽是轻微,却尽有受用的去处。青山绿水,是我们叨住得惯;明月清风,是我们僭享得多。好酒好肉,不用钱买,只消拿鱼去换;好朋好友,走来就吃,不须用帖去招。这样的快乐,不是我夸嘴说,除了捕鱼的人,世间只怕没有第二种。

然而,这样的日子,是李渔过不来的苦日子,他并非是纯正的隐士,把隐士的标签贴在身上,无非是故作清高罢了。李渔曾有诗:"我爱江村晚,家家酝白云。对门无所见,鸡犬不相闻。"看起来挺超凡脱俗的,但是,这只是李渔的"艺术照"罢了,PS 的成分挺多。

对此,李渔也是有自知之明的。他经过著名的大隐士严子陵的钓台时,写了一首词,简直就是一个自我检讨书,其中写有"同执纶竿,共披蓑笠,君名何重我何轻!",还有"仰高山形容自愧,俯流水面目堪憎"等,对自己进行了无情的嘲讽和大胆的剖析,自我批评的精神还是挺可嘉的。

二、四处打秋风的假山人

我在《明才子》那本书中曾经说过,晚明陈继儒,曾经被嘲笑为假山人。但陈继儒"飞来飞去宰相衙",结交的人物既高贵,又"专一",不像李渔那样,四处奔走,到处腆颜向人,鼓唇弄舌,拍马逢迎,求些银两钱财。

所以，李渔在某些人的眼中，是非常可鄙的，清初有个叫董含的人，在《三冈识略》一书中毫不留情地写道：

> 李生渔者，自号笠翁，居西子湖，性龌龊，善逢迎，遨游缙绅间，喜作词曲及小说，备极淫亵。常挟小妓三四人，谒贵游子弟，便令隔帘度曲，或使之捧觞行酒，并纵谈房中术，诱赚重价。其行甚秽，真士林所不齿者。予曾一谒，后遂避之。夫古人绮语犹以为戒，今观《笠翁一家言》，大约皆坏人伦、伤风化之语，当堕拔舌地狱无疑也。

将李渔从人品到作品，统统批臭，恨不得将其彻底扫出士林，归入垃圾堆。

要说李渔，也确实一生都在打秋风，他有两样特别突出的本事，一是编戏曲，二是造园林，这两样都是要提供给有钱人来消费的。有道是“学会了一种本事总舍不得放着不用”，所以，李渔就不断地奔走在权门，把自已胸中的这些本事卖弄给达官贵人们。从他晚年出版的《闲情偶寄》一书看，李渔应该是“非常会玩”的典型，房子怎么收拾、庭院怎么布置、花木怎么选、饭菜怎么配，甚至女人怎么挑、女人怎么打扮，都有详细描述。所以，这些肯定能引起那些富贵闲人们的兴趣，至于是不是还有房中秘辛的传授，就不得而知了，但从李渔曾经写下《肉蒲团》可以知道，李渔这方面的花花肠子也有不少的。

李渔应该是属于那种“薄嘴唇，厚脸皮”，交际能力相当强的人，所以能在“清客圈”混得开。最成功的例子是，他戏班子中最有名的台柱子，乔、王二姬，这两个出色的姑娘，居然就是打秋风得来的。

康熙五年(1666),五十五岁的李渔首次踏入山西,收获居然很大。地方官送给他一个十三岁的乔姓小姑娘,后来李渔称她为乔姬。乔姬生性聪颖,音乐才能极佳,语言学习能力也超强,她和李渔随行的婢仆们不断交谈,没用半个月,就学了一口甜糯的吴侬软语,一点也听不出"老醯"味了。

后来,李渔在兰州,又蒙达官贵人赠他一个十二岁的王姓小姑娘,也就是王姬,王姬长得不如乔姬妩媚,但也十分伶俐,而且她长相有一种男生的帅气,特别适合扮演戏曲里小生的角色。

南宋著名词人姜白石,曾经靠打秋风,获得一个叫小红的歌妓,得意地写下"自作新词韵最娇,小红低唱我吹箫"之句。但他后来没钱养人家,小红也早早改嫁他人了。

但李渔出身商人之家,熟谙"钱生钱"的技巧,他将乔王二姬教习熟练后,成为他"李家戏班"的台柱子,于是李渔打秋风时又多了一项绝活,带着他新写好的戏曲,和堪称双璧的两个姊妹花,去取悦形形色色的达官贵人,获取更多的金钱。

然而,由于连年的奔波劳累,乔王二姬,均于十九岁的妙龄之岁早早去世,失去了两棵"摇钱树",李渔打秋风的资本因而丧失了不少。

但就是到了生命没剩下多少时光的李渔,还是写了《上都门故人述旧状书》,向各路朋友们哭穷,再度打秋风,来募集资金,用来造他的花园。

其实,李渔这样做也有他说不出的苦衷,他不当官,不耕田,收入来源还是很有限的。偏偏他拖家带口,小老婆接二连三地娶,而且他自己又要吃好的、穿好的、玩好的,秋天要上好的螃蟹做宴,冬天要买水仙花,这些闲情雅趣一样不能少。更花钱的是,他还要造园,他在老家造了伊园,在南京造了芥子园,在杭州造了层园。所以,李渔在经济上经常面临困窘的状况。

有一次李渔向一个武夫借了一二百两银子，结果被人家索债时“追呼之虐，过罗刹百倍”，受此人恐吓，觉得自己“一半是人，一半是鬼”。在李渔的生活中，感觉银钱始终是不够用的，正如他自己所说：“卖文之钱，亦可指屈而数计矣！以四十口而仰食于一身，是以一桑之叶，饲百筐之蚕，日生夜长，其何能给？”

三、高产戏曲家、通俗小说家

现在的中国文学史上，留给李渔的称谓，就是戏曲家和小说家。对他喜剧创作的评价很高。以现在的眼光看，李渔无疑是“文化产业”的成功典范，在明清时，写戏曲、小说，刻书出版都已经可以换钱了。当时的书商有“刻他一部稿，讨他一房小”之说，就是说出版一本畅销书，就可以用赚的钱，讨一个小老婆了。

李渔一生创作极丰，他写的戏曲有《无声戏》《十二楼》《比目鱼》《凰求凤》《巧团圆》《怜香伴》《风筝误》《意中缘》《蜃中楼》《奈何天》《玉骚头》……可谓著作等身。

李渔写戏曲时，因为把目标主要定位在“文化产业”上，所以对于“收视率”是最重视的。他要的就是通俗，服务对象定位到吃瓜群众——“天下贵贱老幼，以及妇人女子”。所以他力戒太过雅俪的文字，公开宣称：“白雪阳春世所嗔，满场洗耳听巴人。”去他的“阳春白雪”，想赚钱，就是要“下里巴人”，写普通老百姓也看得懂、喜欢看的内容。做出版时，也是一样，他说：“同一书也，始名《谭概》而问者寥寥，易名《古今笑》，而雅俗并嗜，购之惟恨不早。”所以书名不能起得太晦涩。

一是通俗，二是搞笑。李渔把自己的作品定位在喜剧上面，他认为，观众来花钱就是为了“买笑”的，你的戏不让人家开心，人家凭什么来交钱？所以他在《风筝误》一剧中，毫不遮掩地表达了这种创作理念：

传奇原为消愁设，费尽杖头歌一曲。
何事将钱买哭声，反令变喜成悲咽。

唯我填词不卖愁，一夫不笑是吾忧。
举世尽成弥勒佛，度人秃笔始堪投。

他的戏，目的就是让大伙都哈哈一乐，所以，也别期望李渔能写出像《桃花扇》那样凝集着国仇家恨的厚重作品。和李渔同时代，还有一个戏曲家叫李玉，他们生年相仿，也都生活在江南，但人家写的戏，有苏州人民反对宦官暴政的《清忠谱》、反映岳飞抗金的《牛头山》，都显得慷慨大气，就算是男女情爱的《占花魁》，也是深刻动人的作品。

而李渔的戏，有点像那些小资们一直鄙视的娱乐片。当然，这一类的文化产品也是有市场的，尽管很“狗血”，尽管里面的搞笑桥段很低俗，但不妨碍很多吃瓜群众笑得七荤八素。

李渔对此毫不讳言，甚至常沾沾自喜，颇以为荣。他给友人的信中说，如果你翻上几页没看到笑料，那肯定是伪作，不是我写的书。他还自夸道：“使数十年来无一湖上笠翁，不知为世人减几许谈锋，增多少瞌睡！”

前面说过，清朝是一个文网酷密的时代，对此，李渔是十分小心谨慎的。他首先在剧本前面声称自己的作品用途就是“粉饰太平”：“矧不肖砚田糊口，原非发奋而著书；笔蕊生心，匪托微言以讽世。不过借三寸枯管，为圣天子粉饰太平；揭一片婆心，效老道人木铎里巷。”所谓木铎，是铜质木舌的一种大铃，古时颁布法令，就摇动这东西，向百姓宣讲。李渔这里先自我表白,自己一直是拥护政府的。

为了不惹事,李渔还很小心地声明自己无心讽刺别人:"幻设一事,即有一事之偶同;乔命一名,即有一名之巧合。焉知不以无基之楼阁,认为有样之葫芦?是用沥血鸣神,剖心告世。稍有一毫所指,甘为三世之喑。"这一则声明,和我们经常在港剧中见到的"本剧剧情,纯属虚构,如有雷同,实属巧合"是一样的意思,而且李渔还重重发誓,假如碰巧和你家的事、你家的名有所类似,也绝不是有心的,如果真是有心暗指,我宁愿得到报应——三代子孙都是哑巴。

另外,李渔除了做到"政治方向正确"外,还标榜自己的作品有"规正风俗""警惕人心"等正能量,像《奈何天》一剧中,一个丑八怪娶了三个国色天香的老婆,仿佛是加强版武大郎,一开始几个女子都很讨厌他,但后来回心转意,渐渐适应并喜欢这个丑老公,最后这个丑老公因为做了好事,"一秒钟变男神",成了美男子,于是大家和和美美,一床锦被大团圆。李渔在序言中就暴露了他的主题思想:"天壤乃有王郎,新妇得配参军,吾尝薄其语,为有无君之心,不可以训也。他如传奇所载,执拂女弃越公而奔,崔氏委郑恒而自鬻,蔡姬、卓女,相为美谈,律以人臣不贰之义,皆操、莽之流亚也。"意思是说,不应嫌弃原配老公,不管老公多丑多老,都不能背叛,按君臣夫妇的观念,像红拂、崔莺莺、卓文君这样的,都是曹操、王莽一样的人,是不能得到好评的。所以当时也有一部分守旧文人为他叫好,说:"此书一出,可使天下无反目之夫妻,四海绝窥墙之女子。"就连他那本著名的情色大作《肉蒲团》,也安排了个让未央生这个好色之徒皈依佛门,淫荡的妻子也含羞自杀这样的结局。

不过,李渔的作品还是相当有生命力的,他的戏剧几百年来经久不衰。翻拍的电影《三女休夫》,就是改编自《奈何天》,他的《风筝误》一剧,跻身于中国古代十大喜剧行列,梅兰芳大师的《凤还巢》就是脱胎于此剧。

尤其是他那本《闲情偶寄》，影响很大，林语堂在谈到《闲情偶寄》时说："李笠翁的著作中，又一个重要部分，时专门研究生活乐趣，时中国人生活艺术的袖珍指南，从住室与庭院、室内装饰、界壁分隔到妇女梳妆、美容、烹调的艺术和美食的系列。富人穷人寻求乐趣的方法、一年四季消愁解闷的途径、性生活的节制、疾病的防治……"

《闲情偶寄》这本书，上来先是"词曲部"，讲怎么排戏演戏，不懂的人看了也许觉得乏味。据说当年书成之后，有朋友借去书稿看了不到一半，就觉得没意思，还给了李渔。李渔建议他倒啖甘蔗，从后面翻起，因为后半本全是谈居室、器玩、饮食之类的，一般人看了更有趣。

李渔把毕生的造园技巧、装修技巧以及饮食乐趣等都写在此书中。读来还是很有趣的，比如：他说鉴于写作者往往因为上厕所耽误了文思，于是发明了一种方便厕所："当于书室之旁，穴墙为孔，嵌以小竹，使遗在内而流于外，秽气罔闻，有若未尝溺者。无论阴晴寒暑，可以不出户庭。"也就是说用嵌在墙内的竹管通到屋外，这样就能小便时不出门了。他还发明了凉椅和暖椅，夏季用凉椅，下面设计了水冷式的结构，冬季用暖椅，下有炭火。李渔对他的发明很是得意，自夸泄露了天地灵秘之气，可以比之于仓颉造字，也有"天雨粟，鬼夜哭"的功效。

此外，还有什么四时行乐之法，贵人、富人、贫贱之人行乐之法，等等，都是值得一看的。不过，多数是阿 Q 精神胜利法，比如天寒时，就想路上顶风冒雪的人，溽热时，就想烈日下还要干活的人，自然就觉得快乐了。这种阿 Q 式的精神满足法，看来古已有之。

由于李渔的初衷就是写书营利，所以他对版权相当重视，对盗版现象恨之入骨，他曾怒斥道："至于倚富恃强，翻刻湖上笠翁之书者，六合以内，不知凡几。我耕彼食，情何以堪？"为了防止自己的劳动成果被别人窃取，他曾经举家从杭州搬到盗版极为严重的南京，以便监视盗版行为，并且成立自己的书铺芥子园，相当于注册了"商标"，那本大名鼎鼎的《芥子园画谱》，就是李渔"芥子园出版集团"的作品之一。

以上的种种形象，到底哪一个是真实的李渔？也许这些形象综合起来，才是真正的李渔吧，就像一座太湖石，前后左右，上看下看都有不同的形态，只有综合之后，才是它的全貌。李渔一直宣称："毕竟要使道学、风流合而为一，方才算得个学士文人。"但说实在的，风流和道学本来是水火不容的双方，李渔想融合两者，兼容并蓄，也是极难做到的，玩不好，说难听的，有既要当婊子，又要立牌坊之嫌。

康熙十九年(1680)正月十三日，七十岁的李渔度过了他内容丰富的一生。然而，他去世时，曾经"倾动一时"，自称"所交多名流才望"的李渔，并没有多少当时的名人来为他写诗作吊。可见，李渔这种亦文、亦商、亦优的做派，在当时还是受人排斥的。这也造成了几百年来，中国的评论家对他颇多微词，而海外的汉学家却对他交口称赞，也许李渔的思想和行为，有着超前的成分，更符合商品社会、市场经济下的氛围吧。

虽然李渔有这样那样的缺点，并非一个高标模范，但不可否认，他是一位文采卓绝的才子，给我们留下来不少的精神大餐。就让我们用他自己的诗句，来为本文作结吧：

倦游十载畏长途，五岳三山兴已辜。
贫以墓田归北阮，老将诗骨葬西湖。

写妖写狐蒲松龄

“写鬼写妖高人一等，刺贪刺虐入骨三分”，蒲松龄在清代才子中应该是相当出众的。确实，他的《聊斋志异》是中国文学宝库中难得的精品，蒲松龄在清代文坛上的地位，也是卓然独立、令人仰止的。

不过，蒲松龄的一生，却相当凄惨。如今，我们去山东淄博参观蒲松龄的故居，会看到一座幽雅古朴的庭院，院内月门花墙，错落有致，山石水池，相映成趣。门前是几株古槐，绿树成荫。金字门匾，高悬于故居大门。其实，蒲松龄生前住的哪有这样阔气，破破烂烂、普普通通的几间瓦房就不错了。他一生没做过官，也不会像李渔那样多方经营，一辈子靠给人家当个塾师（家庭教师）换几个钱度日，哪有余钱来造园置景？

这一点，可以从蒲松龄墓葬的寒酸劲来证实，“文革”时，红卫兵掘开了蒲老先生的坟墓，发现墓穴连砖也没有砌，棺材是普通木头，早烂掉了，陪葬品只有铜手炉、铜油灯，一方石砚台，一个非金非玉的烟袋嘴儿，还有几方石印罢了。

有志者，事难成；苦心人，天也负

经过众多研究者的辛勤考证，蒲松龄一生的事迹还是比较清晰的：

1640年6月5日，也就是明朝灭亡前四年左右，蒲松龄出生在山东淄川县的蒲家庄。据蒲氏家谱，他的远祖，是曾经在元朝做过总管一职的蒲鲁浑，因为这个名字不大像汉人的名字，于是引发了一些人的猜测，怀疑这个蒲氏远祖未必是正宗的汉人。这里不再细究，反正不影响这样一个事实，就是蒲家以前也阔过。

但是"君子之泽，五世而斩"，蒲家的官运财运慢慢流失殆尽，到蒲松龄的父亲蒲槃这一辈，已是连芝麻小官也当不上了。不过蒲槃虽然连秀才也不是，但酷爱读书，还是有相当的学识。从给蒲松龄起名字就能看出来，因为《世说新语》中有"蒲柳之姿，望秋而落；松柏之质，经霜弥茂"这样一句名言，蒲槃这里有祝愿儿子健康多寿之意。

后来俞樾有诗云"我亦人间一蒲柳，敢同松柏斗遐龄"，虽不是为蒲松龄先生所发，但却正好能说明他这个名字的由来。

蒲槃求仕不成，就做点买卖贴补家用，他原来娶孙氏为妻，但到四十岁还没有儿子，于是就又娶了两个小老婆董氏、李氏。别说还真管用，后来就接二连三地生了儿子，蒲松龄就是董氏之子，是蒲槃的第三个儿子。

却说到了蒲松龄这一辈，混得更差了，只能守着他十七岁时父母给他娶的刘氏过了一辈子，根本娶不起小老婆了。

蒲松龄结婚后不久，十九岁参加了县府的考试，以县、府、道试均夺得第一名的好成绩，脱离了童生身份，考中了秀才，一时"名藉藉诸生间"。山东学使施闰章对他很是赏识，说他"观书如月，运笔如风"，似乎前程锦绣，阶下青云。然而，就像赌博、炒股时，往往会先尝个甜头一样，蒲松龄尝到这次甜头后，等待他的却是一生的苦头。

之后，蒲松龄就踏上了满腹辛酸的科考之路，考一次落榜一次，屡战屡败，屡败屡战，一直考到六十多岁，实在考不动了，这才作罢。相传蒲松龄铜镇纸上刻有一副自勉联："有志者，事竟成，破釜沉舟，百二秦关终属楚；苦心人，天不负，卧薪尝胆，三千越甲可吞吴。”这副对联流传极广，直到现在，很多中学里还写到教室中当标语，激励高三学子们，我觉得很不合适，要是学生们知道蒲松龄一生的遭际，多打击士气啊！

蒲松龄本人也不是不用功，他的《醒轩日课序》里曾说：“朝分明霞，夜分灯火，期相与以有成”，并且“庶使一日无功，则愧，则警，则汗涔涔下也”。努力到这种程度，但奋斗到六七十岁，还是没有什么收获。

所以，蒲松龄写《聊斋志异》时，对这些考生可怜又可叹的境况，写得十分透彻深刻，比如在《王子安》一文中这样写：

当时的考生进考场，要脱掉鞋袜检查有没有小抄，所以光着脚提着盛着笔墨纸砚的篮子，活像个乞丐（“初入时，白足提篮，似丐”），被点名时，官吏态度粗暴，骂骂咧咧，好像对待囚犯（“唱名时，官呵隶骂，似囚”），而进入一人一个小格子的“号舍”后，“孔孔伸头，房房露脚，似秋末之冷蜂”，考得天昏地暗后走出考场，个个神情惝恍，觉得“天地异色”，这时好似“出笼之病鸟”。在家里等消息时，坐立不安，有时幻想中举后的兴奋，有时幻想落榜后的凄惨，“作一得志想，则顷刻而楼阁俱成，作一失意想，则瞬息而骸骨已朽”，冰火两重天，备受煎熬，这时恰似“被絷之猱”——拴着的猴子。等着发榜的通知下来，上面没有自己的名字，于是“神情猝变，嗒然若死，则似饵毒之蝇”，一副失魂落魄的样子。等醒过神来，先骂考官十八辈祖宗，然后把桌上的书砚，该砸的砸，该烧的烧，说啥也不考了，要是有人来劝，“定当操戈逐之”——别怪我动刀子。然而，过了一段时间后，“日渐远，气渐平，技又渐痒”，又打算来重新报考了。这时“遂似破卵之鸠，只得衔木营巢，从新另抱矣”——像一只蛋被打破的鸟，只好重新建鸟窝，再生蛋。

最后蒲松龄饱含血泪写道:“如此情况,当局者痛哭欲死;而自旁观者视之,其可笑孰甚焉!”

顺便说一下,现在热衷炒股的人,也有点类似上述的“七似”,重仓买入后,也是一会儿想发了大财会怎么样,一会儿想巨亏了会如何,而赔得七荤八素后,先是大骂证监会,骂庄家无良,发誓清仓不做了,但时间一长,又好了伤疤忘了痛,重新进场。

他自己有诗写下第的情景:“三年复三年,所望尽虚悬。午夜闻鸡后,死灰复欲燃。”所以这正是蒲松龄的自我写照。

《聊斋志异》中写了一个叫叶生的读书人,怎么考也考不上,落榜之后,“嗒丧而归,愧负知己,形销骨立,痴若木偶”,他在恍惚间遇到一个贵人,随其到异乡执教,终于有了一个机会金榜高中,他衣锦还乡,去家里报个喜讯,哪知道老婆见到他吓得扔下畚箕就跑,叶生难过地说:“我今天终于富贵了,你怎么却不认识我了?”

老婆远远地离开他站着,惊惧地说:“你死了好久了,还说什么发达富贵啊?只是棺材没入土,因为家里穷,孩子小,现在马上就要让你入土为安了,你别作怪吓我们这些活人了好不?”

叶生走进屋子,果然看到了自己的灵柩,于是他长叹一声,扑地而灭。衣帽鞋子全落在地上,好像蝉蜕了壳一样。

这个故事,初读觉得很可笑,深读觉得很悲凉,蒲松龄可以说也是被这科举功名折磨得人不人、鬼不鬼的。

到了晚年,他终于混了个岁贡生(可以进国子监读书)这样的头衔,七十四岁时,儿子请人给他画了一幅画像,此像现在尚存,形容枯瘦的蒲松龄穿戴着酷似官服的贡生衣冠端坐着。旁边有自题的跋说:“尔貌则寝,尔躯则修,行年七十有四。此两万五千余日,所成何事,而忽已白头?”吐露了回顾这一生“因虚度年华而悔恨,因碌碌无为而羞耻"的心情,并对自己穿这种"山寨官服"感到有些羞惭不安:"癸巳九月,筠嘱江南朱湘鳞为余肖此像,作世俗装,实非本意,恐为百世后所怪笑也。"意思是说全是儿子蒲筠的主意,让我穿这身衣服,后世人看了恐怕要笑我啊!

其实,当年的蒲公还是想不开啊,如果他心中真的十分鄙视功名,就绝对不穿戴什么"贡生衣冠",现在我们塑蒲公的雕像,往往是一袭长衫,手把《聊斋》一卷,就足以风采过人了。但事实上,蒲松龄一生还是中了这难解的科举功名之毒,直到终生。

写此文时,正值 2016 年高考日,有人曾经在朋友圈里晒一个段子:看看这两份名单你认识多少?

第一份名单:傅以渐、王式丹、毕沅、林召堂、王云锦、刘子壮、陈沆、刘福姚、刘春霖。

第二份名单:曹雪芹、胡雪岩、李渔、顾炎武、金圣叹、黄宗羲、吴敬梓、蒲松龄、洪秀全、袁世凯。

前者全是清朝的科举状元,后者全是当时的落第秀才。但真正流芳千古,后世知其大名的,却是金圣叹、蒲松龄这一类当时并不显赫,甚至颇为落魄的才子。

萧斋瑟瑟,案冷凝冰

前面说过,蒲槃一开始没有儿子,但四十后娶了小老婆,接连有了四个儿子,蒲松龄后来和兄弟们分了家。蒲槃维持经营的本来也就是个小富之家,娶了两房小老婆后,就花费了不少,四个儿子再这么一分,加上蒲松龄的两个嫂子都是不讲理的悍妇,所以好房子让兄弟们抢去了——"兄弟皆得夏屋,爨舍闲房皆具",而蒲松龄得到的则是"惟农场老屋三间,旷无四壁,小树丛丛,蓬蒿满之",穷成这个样子,所以生活的压力还是很大的。

所以，除了科考以外，蒲松龄还要“打工”补贴家用。他三十一岁时，同乡人孙蕙中了举做了江苏宝应的知县，就约他去做幕僚。孙蕙一个人远赴他乡做官，人生地不熟，觉得有个旧识老乡帮帮忙，说说话，也挺好的吧。但是蒲松龄生性诚实忠厚，不适合官场，于是只在这里待了一年，就辞职回乡了。

别看在这里只待了一年，这对蒲松龄增长见识是很有帮助的。话说蒲松龄虽然活了七十六岁，但是除了这次到江苏为幕僚外，足迹后来不出山东，远不如李渔那样游历四方，更不如纪晓岚，曾经到过新疆那样远的地方。如果没有这次经历，蒲松龄对于官场中的丑恶人情，是不会有透彻了解的。

而且，扬州烟花自古有名，孙蕙是个好色之徒，蓄有众多美女。其中有个叫顾青霞的女子，蒲松龄曾经见过多次，还为她编选过唐诗读本，并写下《听青霞吟诗》：“曼声发娇吟，入耳沁心脾。如披三月柳，斗酒听黄鹂。”当然，蒲松龄是个生性老实的人，而且他自知无财无貌，也不敢起非分之想。但是顾青霞的美丽形象，应该让蒲松龄幻想那些美丽的狐仙花魅时，多了一些感官印象，是不容置疑的。那个年代不比现在，高贵美丽的女人们大门不出，二门不迈，一般穷汉见也见不到，再加上没有网络什么的，想了解美人们的样子，比现在难多了。

不过，现在有些文章，用“夜夜意淫朋友之妻，蒲松龄终成《聊斋志异》”这样的题目来唬人，也未免太不厚道了。我觉得虽然《聊斋志异》里不可避免有了青霞的影子，但就像金庸小说中的梦幻女主角有夏梦的影子一样，不可以说得那样龌龊。

孙蕙后来官越做越大，和蒲松龄的关系却越来越疏远了，蒲松龄自称“年年落魄，有负故人，自觉面目酸涩，不可以登君子之堂”，地位悬殊后，朋友就做不成了，真正“君乘车，我戴笠，他日相逢下车揖；君提簦,我跨马,他日相逢为君下”的友情,本来就绝少显现于现实中。

真正让蒲松龄依托后半生的,是淄川四世一品的“名门望族”毕家。毕际有比蒲松龄大十多岁,从知州这样的官职罢归。加上他的父亲在前明就是户部尚书,所以家资丰厚,府园壮丽。除尚书府外,有绰然堂、振衣阁、效樊堂、万卷楼、石隐园等,厅台廊榭,竹石花树,环境很好。

蒲松龄在这里担任塾师,类似《红楼梦》中贾代儒(贾瑞爷爷)那样的角色,工作职责是给毕家八个子弟当老师;此外,毕家一些往来应酬的文字也让他来代笔。总体说来,毕家对蒲松龄是相当尊重的,所以他在这里一待就是三十来年,直到实在老得没办法了才撤帐回家。

在毕家,虽然蒲松龄是塾师身份,但古代还是比较“尊师重教”的,蒲松龄在这里吃住要比自己家里好得多,而且,毕家藏书极丰,这在当时是难得的一个好处,当时不像现在,网上到处可以查资料,古时候的乡村,往往是片纸只字都难寻。所以,这也为蒲松龄创作《聊斋》,提供了极好的条件。

然而,在这里教书,最大的遗憾就是落寞。每当学堂里的孩童散去,人家和和美美共享天伦之乐去了,冷寂的书斋里就只剩下蒲松龄孤孤单单的一个人,伴着一灯如豆,伴着冷月清风。也正是因为这样寂寞,才促成了他著书抒怀的事业吧!

“独是子夜荧荧,灯昏欲蕊,萧斋瑟瑟,案冷凝冰。集腋为裘,妄续幽冥之录;浮白载笔,仅成孤愤之书……”蒲松龄在《聊斋志异》自序中写下了他当时的孤寂心情。他把一腔孤愤,半世辛酸,都贯注到《聊斋志异》这一本书中,所以成就了这本灿灿生辉的不朽名著!

可惜的是,这本书并没有给蒲松龄带来任何的经济效益,山东这一带不像江南,刻书卖书盛行,在蒲松龄生前,这本书一直在朋友之间以“手抄本”的形式传阅,等到最早的“青柯亭刻本”问世时,已是乾隆三十一年(1766),此时距蒲松龄去世已经五十一年了。(这个刻书的人是穿越了吗?怎么知道现在的法规,等着作者去世五十年后,作品成了公版书,再自行刊印?)

花妖狐媚,百态人情

《聊斋志异》,并非是第一个写神怪妖狐故事的小说,在这之前,且不说干宝的《搜神记》,单是唐代传奇中,就有许多类似的故事。然而,正如六朝诗就有了近体诗的模样,但艺术顶峰却在盛唐一样,《聊斋志异》这本书,也成为传奇志怪之类的巅峰著作。

那《聊斋志异》为什么能吸引这么多人呢?

首先,是刺贪刺虐。

郭沫若为蒲松龄故居题写对联时,有"写鬼写妖高人一等,刺贪刺虐入骨三分",其实写鬼写妖不是什么独特的事儿,刺贪刺虐才是《聊斋志异》真正闪耀光芒的地方。由于蒲松龄终生屈沉于社会中下层,所以特别深刻地了解当时官吏的贪虐之风。后来编撰过《四库全书》的大才子纪晓岚,也曾效法《聊斋志异》,写有《阅微草堂笔记》一文,虽然也足以可观,但文学价值远不如蒲松龄这本。因为纪大烟袋虽然也有过贬谪新疆的经历,但他早年得志,"身作红云长伴日",长年在皇帝驾前侍候着,谅不至于有低素质的小官吏对他使蛮要横;就像豪门海归的子弟,一般不会有让城管驱赶打骂的辛酸感触一样。但蒲松龄就见识得多极了,也有切身体会。

《续黄粱》中写所谓的曾孝廉,梦中发迹做了宰相,就擅作威福,草菅人命,侵人田产,夺人妻女,坏事做绝。贪污的金钱更是有三百二十万之多。《梦狼》一篇,更是夸张而生动:白老汉思念在外地做官的儿子,恍惚间来到官衙,却见堂上、堂下,坐者、卧者,全是狼。环视四周,竟然累累白骨如山。更有甚者,招待白老汉时,一狼竟衔来一具死尸,原来他儿子因为官不仁,早已变成恶狼。故事惊悚至极,骨子里却深刻地讽刺了贪官酷吏如狼似虎的社会现实。

其中有一段文字至今读来仍发人深思:“故不知仕途之关窍耳。黜陟之权,在上台不在百姓。上台喜,便是好官;爱百姓,何术能令上台喜也?”意思是,仕途上的诀窍在于取悦上官,而不是百姓的意见,只要让上级领导喜欢你,就能提拔,民意有个屁用!

所以蒲松龄在文后感叹:“窃叹天下之官虎而吏狼者,比比也!”

除了讽刺官吏,对诸如县学训导、势豪劣绅等,也有充分的鞭挞和揭露。《席方平》中的羊某、《向杲》篇中的庄公子、《红玉》中的宋氏、《窦氏》中的南三复等,都是人面兽心的家伙,比真正的妖魅鬼怪更可怕、可恨。

所以,蒲松龄一定程度上代表了底层民众们的呼声,所以这些故事非常鲜活有生命力,能一吐他们胸中的郁闷之气,故而一直为普通民众推崇喜爱。

其次是花妖狐魅,各具人情。

此前的唐传奇中的众多篇目,也不乏有娶虎妻(真符女)、纳鬼妇(王丽真)、交狐友(原陵老翁)等情节。但其中的人物,却远没有《聊斋》中那样各具性情,各有声口,都说《水浒》中写一百零八个人物,有一百零八种样子,《聊斋》中的各色花妖狐精,也是性情各异,有如世间千姿百态的女子一样,有的妩媚、有的顽皮、有的聪慧、有的端庄,你看那红玉、香玉、小翠、小梅、连城、婴宁、青凤、恒娘等,又有哪些是面目相同的?

在旧时代,男女婚姻不自由,不但对女性是一个相当大的困厄和摧残,男人其实也委屈,他们也找不到恋爱的感觉。所以,对于两情相悦的体验,无论男女,都是渴望和欠缺的。前朝的士大夫一族,还可以和青楼女子诸如秦淮八艳之类谈谈恋爱，而清代严厉禁娼，所以像那样的“浪漫故事”也基本上绝迹了。礼教绳索越来越紧，不受约束的也只有鬼狐神怪了。

现在的有些读者，都嘲笑蒲松龄这本《聊斋志异》“意淫成分”居多，其实文艺作品中，但凡是小说，没有不“意淫”的，像金庸小说中的傻小子郭靖之类，也给安排遇上黄蓉这样的女子，莫名其妙地就爱上他，设法让他投明师，寻秘籍，成为能和武林大宗师一较高低的人物，和书生们遇到神奇的狐女发财致富、功成名就有何不同？

同样，现在很多女版言情小说或影视剧，高富帅男生个个死命追，把女主角当公主捧在手心里，再怎么发脾气、闹情绪也不离不弃，虽然不真实，但不这样写，读者就少，点击率就上不去嘛！

《聊斋》中的狐女，对于男人，不但不要三媒六聘，而且怎么样都不嫌，王元丰缺心眼，是个傻子，正当老爹急得没法时，漂亮新娘送上门来了——“适有妇人率少女登门，自请为妇。视其女，嫣然展笑，真仙品也”，不但如此，儿子竟然还变得不傻了。傅廉缺性功能，发育不正常，但遇到狐女施以黑丸后，竟然“身已伟男”，变成了一夜七次郎。那些遇上恶霸，官司缠身的书生们，更是有狐女“危难之处显身手”，个个消灾弭祸，化险为夷。这些狐女，哪里是狐，简直是有求必应、救苦救难的观音菩萨啊！

就算是现在，一首《白狐》也唱响了全国各地，看来就算是现代社会，男生们还是向往有像白狐一样诚心付出不求回报的女子的——“我爱你时你正一贫如洗寒窗苦读，离开你时你正金榜题名洞房花烛……”

因为《聊斋》中把狐女写得如此可爱，所以蒲松龄的朋友毕怡庵就入戏很深——“毕每读《青凤传》，心辄向往，恨不一遇”。这个毕怡庵是个大胖子、大胡子、抠脚大汉之属。不过，即使这样，后来他在梦中，也遇到一个“态度娴婉,旷世无匹”的狐女,相别时,狐女问道:“你觉得我跟青凤比怎么样?”毕怡庵当然要甜言蜜语了,说:“你比青凤还强。”狐女却说道:“我自惭弗如。”这段故事,蒲松龄还详细记载了日期,时为康熙二十一年(1682)腊月十九日。

到了第二年,也就是1683年的癸亥年,四十三岁的蒲松龄自己终于也“入戏”了。作者亲自登场,布景很隆重啊——“俄睹殿阁,高接云汉”,接下来是个长镜头——长长的石阶,层层而上,约百余级,然后朱门洞敞,又有很多侍女来接待,来到一个“金钩碧箔,光明射眼”的宝殿,一个“环佩锵然,状若贵嫔”的女神过来了,她名为“绛妃”,是个花神。这个花神说自己屡被“封家女子”(风)摧残,要蒲先生写一篇讨伐文章,也就是檄文。于是蒲松龄先生就骈四俪六,洋洋洒洒写了一大篇,眼看故事要进入高潮了,结果下面的情节让人大跌眼镜——“妃展阅一过,颇谓不疵,遂复送余归”,看完后,虽然夸奖了一番,却直接把蒲松龄给送回来了,啥事也没发生,这叫什么剧情呢?这不是坑观众吗?

《聊斋》第三个吸引人的地方,是文笔俊逸,境界万千。

其实,《聊斋志异》并不是写妖写狐的第一本书,这类志怪类作品之前有,之后更多,但都不如《聊斋》的名气大,受人欢迎,这就是文字功力、艺术境界的高下之分了。

说到文字之美,如《雷曹》一文写天上奇景:

> 开目,则在云气中,周身如絮。惊而起,晕如舟上。踏之,耎无地。仰视星斗,在眉目间。遂疑是梦。细视星嵌天上,如老莲实之在蓬也,大者如瓮,次如瓿,小如盎盂。以手撼之,大者坚不可动;小星动摇,似可摘而下者。遂摘其一,藏袖中。拨云下视,则银海苍茫,见城郭如豆。

这些景象以现在科学的眼光看并不真实，但蒲松龄将天上幻景写得活灵活现，十分动人，有如可感可触一般。

又如《晚霞》中写：

首按夜叉部，鬼面鱼服，鸣大钲，围四尺许，鼓可四人合抱之，声如巨霆，叫噪不复可闻。舞起则巨涛汹涌，横流空际，时堕一点大如盆，着地消灭。龙窝君急止之，命进乳莺部，皆二八姝丽，笙乐细作，一时清风习习，波声俱静，水渐凝如水晶世界，上下通明。按毕，俱退立西墀下。次按燕子部，皆垂髫人。内一女郎，年十四五以来，振袖倾鬟，作散花舞；翩翩翔起，衿袖袜履间，皆出五色花朵，随风飏下，飘泊满庭。

这一段，写得清新流丽、生机盎然，役使文字的功力，我觉得可跻于韩柳欧苏之间矣。由此也可叹，蒲松龄没考中功名，真是冤，他的才华，考官们竟然视而不见，想必不是瞎眼，就是黑心。

而且，《聊斋》故事，多回环曲折，起伏跌宕，极有戏剧性，像《石清虚》一文中，那块奇石六失六得，甚至在主人公死去后，还又丢失了一次，次次情节不同，次次情感动人，比之一般的庸俗之作，在谋篇布局上不知高明了多少倍。正如冯镇峦所评论的：

《聊斋》之妙，同于化工赋物，人各面目，每篇各具局面，排场不一，意境翻新，令读者每至一篇，另长一番精神。如福地洞天，别开世界；如太池未央，万户千门；如武陵桃源，自辟村落。不似他书，黄茅白苇，令人一览而尽。

当然，就我个人感觉，《聊斋志异》也有一些缺陷，类似《犬奸》《伏狐》这种，实在是有点低级趣味。像这一类的文字，蒲老先生按说不应该收入《聊斋》，我很想穿越过去，像畸笏叟劝曹雪芹删去“秦可卿淫丧天香楼”一样，劝他也删掉好了。要不就另写一本，类似袁枚《子不语》那样的。

另外，书中还有一些纯属奇谈怪论，类似二十世纪八九十年代车站杂志摊上的东西，并无思想性艺术性可言。再一个遗憾就是，《聊斋志异》的体例，是效仿旧时文人笔记或传奇的形式，“虽小却好，虽好却小”，所以没有比较宏大的篇章和结构。这样，人物的丰满程度毕竟有所缺陷，再加上是文言文写成，所以流传上也受到影响，也正因为如此，无法和四大名著并列。

但不管怎么说，蒲松龄先生虽然写过很多著作，如《农桑经》《怀刑录》《日用杂字》《小学节要》等，但只有《聊斋志异》，才让他一生绽放出光彩，永远闪烁在中国文学史的天幕上。

正是：

姑妄言之姑听之，豆棚瓜架雨如丝。
料应厌作人间语，爱听秋坟鬼唱时。

扇血桃花孔尚任

大成至圣先师孔子，生前颠沛流离，有陈蔡之厄，绝粮之患，吃不饱、穿不暖的，但是身后却为子孙后代，创造了无穷的福祉。孔子的嫡传后代，生下来就成为“衍圣公”，坐享荣华富贵。由于孔子的理论，非常能迎合统治阶级的需要，所以除了“文革”之外，历史上极少有“灭孔”的行为，“灭佛”倒有“三武一宗”折腾了好几次。更为奇特的是，金、元、清这样的非汉族政权，也十分尊崇孔子。当年蒙古、金、南宋三国并立时，竟然每个国家都有一个孔氏后人做“衍圣公”，看来儒家这个大招牌，统治者还是很爱用的。

孔府兴盛上千年，所谓“与国咸休，安富尊荣公府第；同天并老，文章道德圣人家”，这样的对联，也只有孔家才敢挂。

不过，自孔子以下，虽然文章道德，世代相传，但在文坛上声名远播的才子，却并不多。清初的孔氏六十四代孙孔尚任，可以说是为孔氏增光添彩的一个重要人物。

孔尚任比蒲松龄要小八岁，1648 年的深秋，出生在曲阜。作为圣裔，自然衣食无缺，而且文墨早识。孔尚任的爷爷和父亲，都一辈子没有做官，反正不做官也饿不着，乐得逍遥自在。

孔尚任从小就很仁慈。据记载，有一次邻居卖一头母猪，买主来牵时，母猪正喂小猪崽吃奶，见买主不耐烦，于是邻居就用棍棒抽打母猪，呵斥它离开小猪。孔尚任当时才几岁，但看到这个情景，就心中悲伤，大哭起来。手中拿着的枣和栗子等，都丢在了地上。父亲惊诧地过来，问明原因后，抚着他的背说："此儿成，于天下必有济。"——这个孩子长大成人后，必然有益于社会啊。

可是，有时候社会现实常是劣币驱逐良币，孔尚任的科举之路也像蒲松龄一样运蹇。三十岁时，同龄好友颜光敏，早已经中了举人、进士，族兄孔尚鉝，也榜上有名，但就是孔尚任，始终名落孙山。

对于古人来说，三十岁，就是一个分界线，对于普遍活个五六十岁的古代来说，"人过三十天过午"，这句话是一点也不假的。于是孔尚任有点灰心，开始打算隐居在曲阜附近的石门山。好在孔家有钱，不工作也能负担生活开销，不像孟浩然那样哀叹"一丘常欲卧，三径恐无资"，孔尚任愿意卧就卧，不用担心还贷款的。

康熙平三藩时，朝廷军费开支庞大，极度缺钱，于是发布了捐钱可以纳官的条例。孔尚任囊中有的是钱，于是抓紧买了个国子监生来当当。不过，捐来的监生，毕竟面子不光彩，而且也不能优先选官，进入仕途。

但是，这一步还是有用的，当孔尚任三十七岁时，从天而降的大"馅饼"终于来了。这一年康熙来曲阜祭孔，要求听孔府子弟中的才俊来讲一下经。于是翰林院学士和侍读学士，专门来考察，以两根红烛燃尽为时限，让孔尚任写出《大学》和《易经》的讲义。结果红烛还剩下好大一截，孔尚任就笔酣墨饱，写成了两篇长文，两位御前学士也颔首赞叹。

第二天，孔尚任给康熙讲解了《大学》的首节，声调铿锵，义理精准。康熙赞叹说："经筵的讲官也比不上啊！"接着，孔尚任又当起"三孔"的导游，领着康熙到处参观，中间皇帝问东问西，孔尚任自幼就在这里长大，这才真是叫"如数家珍"，讲得头头是道，康熙也听得津津有味,不免对孔尚任印象不错。

皇帝高兴之余,吩咐大学士明珠等掌握"组织关系"的大臣:"孔尚任陈书讲说,克副朕衷,著不拘定例,额外议用。"——意思是说,孔尚任讲得朕心里真舒坦,破格提拔他一下吧!

有了皇帝的亲自指示,吏部自然不敢怠慢,十天不到,就有"调令"来,让孔尚任去北京当国子监博士一职。不过,正所谓"博得虚名在,谁人识苦甘",兴奋劲儿过去后,孔尚任也觉得并没有多快活,他这期间有诗句说"到纸风流尽,随班礼数难",对官场这些繁文缛节,很不耐烦。中秋时分,他自己一个人不免寂寞,想着旧时一大家子人说说笑笑,不免怅惘,有诗道:

佳节豪华住帝都,闲官冷署自踟蹰。
凉生枕簟愁多少,月满江湖信有无。
露下添衣新病怯,灯前改句旧功夫。
长安秋色今初见,愁绝山堂影倍孤。

在北京待了一年半,第二年夏日炎炎,南方多雨,孔尚任被派往淮扬,和工部侍郎孙在丰一起去治水。

孔尚任一开始满腔热情,以为能为国为民做点实事。但他不了解官场倾轧、互相扯皮的陋习,对于治河之策,有人主张高筑河堤,有人则主张疏浚海口故道,其间夹杂着官场派系斗争,互相争执不下。当时河道总督是一个叫靳浦的人,漕运总督叫慕天颜,这个名字大家可能有点耳熟,没错,《鹿鼎记》里写过他,在扬州时,他曾经劝韦小宝不要毁掉禅智寺的芍药花。这两人争执不下,而孙在丰是支持慕天颜的。

后来他们这伙人吵来吵去,惹得康熙恼了,一跺脚,把他们统统降职调离。一时间群龙无首,没人主持工作了,所以,孔尚任就闲起来了。这段日子,除了和官员们一起吃吃喝喝,闲暇之余,孔尚任就去游览江南的景物。在隐居石门山时,孔尚任听说过南明的一些旧事,此番到了南京一带,更是着意寻访旧日古迹,以及一些前明人物。这一番游历,直接催生了他的不朽之作——《桃花扇》。

众所周知,《桃花扇》写的是秦淮八艳之一李香君的故事。当时列为明末四公子的冒辟疆尚且在世,孔尚任曾经专程访问过。而且,很多的明末遗民,都曾经和他攀谈交往,所以,原来在孔尚任心中描绘的一个个人物,都由苍白单调,渐渐地血肉丰满、鲜活立体起来了。

四年后,当孔尚任重新调回京师时,《桃花扇》就渐渐在他心中酝酿成熟了。前后经过十年的精心创作,反复修改,三易其稿,直到1699年的六月份,《桃花扇》才算告成,此时孔尚任已是五十二岁的老人,鬓有二毛,面容苍老。

《桃花扇》的问世,引发了巨大的轰动,当时"名公巨卿,墨客骚人,骈集者座不容膝",上座率高得出奇,孔尚任也成了人人敬重喜爱的"明星级"人物,到处有人请,留下他天天酒宴款待,其间让自己家的戏班演《桃花扇》。有一个叫佟蔗村的人,看了《桃花扇》的手抄本后,爱不释手,生怕流传不广,当场掏出五十两银子,请来刻工雕版,从此《桃花扇》有了刻印本,流传更为广泛。

当时有"南洪北孔"之称,洪是指《长生殿》的作者洪昇。《长生殿》和《桃花扇》可以并称为清代戏曲艺术的双璧,但我觉得,《长生殿》一剧,毕竟是炒历史冷饭,说说唐明皇、杨贵妃的陈年旧事,没多大的现实意义,就算有所影射,也很曲折。而《桃花扇》则大不相同,"借离合之情,写兴亡之感",有很强的现实感,正所谓"当年真是戏,今日戏是真",很多前明旧臣,看了后都情不自禁,痛哭失声,就是明证。

然而,正是因为《桃花扇》的题材过于敏感,不免有很多让清廷觉得碍眼的地方。比如剧中的最后一场，张道士呵道："两个痴虫，你看国在哪里，家在哪里，君在哪里，父在哪里，偏是这点花月情根，割他不断吗?"这就足够兴一场文字狱了。

然而，更为刺目的文字，这里面还有，剧中借一名皂隶之口，竟然说出"开国元勋留狗尾，换朝逸老缩龟头"这样的句子，直接讽刺明朝旧臣剃发易服，还将满清辫子唤作"狗尾"，这要是在大兴文字狱的康雍乾时期，诛九族的罪都有。

于是，《桃花扇》风行京师没多久，孔尚任就给莫名其妙地免了官职。当时他已经熬到了户部主事，主管铸钱。但突然就给一撸到底，罪名也很含糊，后来成为一桩众说纷纭的疑案。

其实疑案不疑，就是和演《桃花扇》有关，像孔尚任这样的持重君子，不会有什么其他出格的事，就是《桃花扇》中的章节字句刺痛了康熙和满清统治者。但是，有人会说，康熙后来也兴过多起文字狱，为什么不拿孔尚任和《桃花扇》开刀呢?

我觉得，这和孔尚任的背景有关，他毕竟是孔氏后人，如果拿他开刀，这事上纲上线后，是要株连九族的，孔家枝蔓庞大，牵连极广，拿孔家人一开刀，原来尊孔祭孔的功课，不免就白费了。于是康熙只好隐忍不发，但是也不能不给孔尚任一些惩戒，于是他项上人头虽然还能保住，顶戴花翎却保不住了。

其实清朝开国以来，已经制造了不少的文字狱，书本上的事且不论，单是戏本惹出的事就不少：顺治十四年(1657)，尤侗写的《钧天乐》一剧，被认为是影射江南科考案，于是在苏州上演时，连演员都全部被官府逮捕拷打。洪昇的《长生殿》演出后，也被寻了个过错，逮入牢狱，革去太学生的功名；连看戏的赵执信、查慎行等也牵连遭祸，受到革职、削籍之类的处分。

所以，对于孔尚任，康熙还是留着点情面的，还算是"温柔一刀"。

不过，当时的孔尚任却活得不大明白，他当时以为官场升沉，是寻常之事，三起三落也不稀罕。于是没有马上卷铺盖回山东，而是在北京住了下来，足足有两年零八九个月。

住在北京，虽然一方面孔尚任闲游写诗，用“有酒能开穷郁结，无官不禁老疏狂”这样的文字宽解自己，但内心中，还是盼着能有机会，让吏部重新启用自己的。毕竟，顶戴花翎有着巨大的吸引力，它代表着权势、金钱、声誉、尊宠……你现在如果去孔林瞻仰孔尚任先生的墓，会发现上面写的是“奉直大夫户部广东清司员外郎东塘先生之墓”，而不是“《桃花扇》作者”。

然而，最高层（皇帝）已经有了结论，吏部官员是不会趟这个“雷”的，孔尚任只好一年年盼望，一年年失望。康熙四十一年（1702）的冬天，五十三岁的孔尚任，终于下定决心，不做“北漂”了，回曲阜老家过团圆年去！于是他题了《归去》一诗，策马而行：

积雪微寒不透裘，自斟别酒尽三瓯。
难携画箧留甥看，乱揭诗笺听客收。
整辔频探门外面，束装又到榻前头。
故山今日真归去，上马吟鞭急一抽。

到了最后，孔尚任还是在犹豫，这首诗如果和杜甫的《闻官军收河南河北》对比看，会觉得杜甫是真的迫不及待地想走，孔尚任却是徘徊不定，临走时虽然有“急一抽”的动作，但镜头感是，终于下了下狠心，带着失望和怅惘，叹口气，说句：“还是走吧！”然后，狠狠地抽了马一鞭子，替自己下了最后的决心。

回家后的孔尚任，基本上就过起了“退休”式的生活，在家里喝喝茶，写写诗，会会友，没有再当官主事，也没有再写出重量级的作品。

综观孔尚任的一生,应该是个比较矛盾的人,他一方面对明末遗民、故国旧恨有感情,一方面也曾经夸康熙"恭俭至德,媲美神禹";一方面隐居石门,效陶潜隐逸,一方面又热衷功名,为失官而悲伤。这其实都是人之常情,毕竟人是复杂的,世态人情也是复杂的,孔尚任的纠结,也是在情理之中的。

其实,如果替孔老先生想想的话,他这一辈子,皇帝也见过了,皇宫也进过了,官也当过了,不朽之著作也有了,不缺吃不缺穿不缺房子,余生这十几年,不逍遥自适一下,非得当什么劳什子官么?康熙五十七年(1718),七十岁的孔尚任听完最后一次新年的鞭炮声,合上了双眼。

在孔林,除了"大成至圣先师文宣王"孔子的香火最为繁盛外,凭吊最多的,就是以《桃花扇》知名的孔尚任之墓了。

一曲《桃花扇》,千秋锦绣名!

纳兰心事几曾知

《红楼梦》中提到过的才子榜，既有一些狂放怪诞的狂人，也有像刘希夷这类美姿容的翩翩公子。而且，言下之意，像贾宝玉这样的，当然也是属于秉正邪二气所生的。

清代才子中，真正属于这一类的，其实并不多，不过纳兰性德却是当仁不让的一个。

纳兰性德，虽然早就在清代文坛极具盛名，尤其是词作方面，有“男有成容若，女有顾太清”之说，但是我觉得，他的崇拜者，或者说是“粉丝”，从来没有像今天这样多过。近十几年来，更是以几何级数在增加。纳兰迷，已经成为一个相当庞大的群体。

纳兰性德，典型的高富帅，颜值爆表（曹雪芹的爷爷曹寅有诗“楞伽山人（指纳兰）貌姣好”），而且又重情重意，写的词又是缠绵悱恻，婉转动人，女孩子们最吃这一套，所以纳兰的人气爆棚是毫不奇怪的。

但是，这些人心目中的纳兰和历史上的真实原型还是有些差别的，正如有的人无情地写道：“纳兰容若这个载体身上承载的是她们自己罗曼蒂克的脑补和风雅的玛丽苏。她们笔下的纳兰必须有失败的初恋，不爱的原配，悼亡的追悔，任性的继室，出走的红颜……”这些最常见的言情剧元素，在纳兰身上交织起来，演绎得越来越丰富。

别有根芽，不是人间富贵花

1655年1月19日，也就是农历腊月十二日，在严寒的北京城，纳兰性德出生了。虽然是雪虐风饕的时节，但纳兰托生的地方好，是当时满族贵族明珠的府中，当然毫无冻馁之苦了。看过《康熙王朝》等电视剧的朋友，对康熙皇帝驾前最有影响力的重臣明珠和索额图一定很有印象。

纳兰这一族，其实严格地说并非是满族人，其远祖是蒙古人，而且和清太祖努尔哈赤之间还发生过你死我活的血腥厮杀。明珠的爷爷就壮烈战死在沙场上，据说，这个部族曾经发誓：就算自己的族中只剩下一个女人，也要报此深仇大恨。说到这里，是不是觉得有些耳熟？是的，其实纳兰的先祖就是叶赫那拉这一部，后来的慈禧太后同宗同族。老电影《火烧圆明园》中，也提到这一节故事，并说咸丰帝对玉兰（慈禧）本来充满爱意，但一听她的姓是叶赫那拉，立刻避如蛇蝎，不敢召幸她了。

其实，这一则传说应该是没有道理的，别说在二百年后，血仇早已淡漠的咸丰朝，就是努尔哈赤当年，就已经采取联姻的手段来团结、笼络叶赫那拉这一族了。他以身作则，将对手金台什（即明珠的爷爷）的妹妹纳为妃子。而且这个女人后来生下了皇太极，也就是顺治的奶奶了。所以，叶赫那拉这一族后来就和爱新觉罗世代通婚，亲上加亲。明珠的父亲，就是八旗中的一员骁将，为满清打江山、坐江山立过汗马功劳，所以说慈禧是清王朝的掘墓人，成为叶赫那拉一族最后的报复，纯属野史传言之类，是不足为凭的。

也许有人会有疑问，既然纳兰和慈禧是一族，那为什么称慈禧是“那拉氏”，而纳兰不叫那拉性德呢？这就是一个音译的问题，纳兰看起来更舒服些，马上就会联想到“芳兰杜若”之类的意象，而“那拉”就乏味得很了。这可能也是纳兰迷喜欢称他为纳兰容若，而不喜欢叫纳兰性德的原因。毕竟容若两字读来，多出来不少的翩然之意。这就像柏杨曾说过的：“如果把玛丽莲·梦露，翻译成马里脸·猛鲁……”这当然属于“恶译”，但正规的译法，“梦露”两字，应译成“门罗”，提出“门罗主义”的总统叫 James Monroe，和 Marilyn Monroe 的姓氏写法是一模一样的。友人姜西溟给纳兰写的墓表上，把他称作“纳腊”——《通议大夫一等侍卫进士纳腊君墓表》。这“腊”字绝对不如“兰”字好听，会让人马上联想到“老腊肉”。

由此可见，“纳兰”其实并非是通用的音译，而是文人朋友们带了感情色彩的写法。但他的名字却不是音译的，无论是“成德”“性德”，还是“容若”，都是从汉家典籍中找出来的。

他出生后，取名为纳兰成德，源自《易经》：“君子以成德为行。”后来，因太子取名保成，为了避讳，改为性德。不过没多久，太子又改名了，改成了胤礽，纳兰于是就又改回来了，不用再避讳“成”这个字，所以后来他还光明正大地自称过“成容若”。但不知道为何，“纳兰性德”这个只用了短暂时间的名字，倒似乎成了纳兰的正式名。

纳兰可谓是身在富贵之乡，含着金汤匙而生。其父明珠的仕途，在他的有生之年，几乎是一路飙升的态势。明珠一直在皇帝驾前侍候着，在纳兰幼年时，已经是内务府总管一职。大家看《甄嬛传》之类的看多了，容易误以为“内务府总管”就是太监，其实在清朝，正是因为吸取了明朝时宦官干政的教训，才把这些权力都收回来，另行委派了“内务府总管”一职。皇室的日常生活、吃喝拉撒等事，都由他主管负责，不但油水丰厚，更重要的是能亲近皇帝，亲近最高权力中心，其他外官，就算是级别职位大得多，也要恭敬三分。就像《鹿鼎记》中的韦小宝，就算官位不高时，亲王、贝勒们也要逢迎巴结。当年北京官场流行一句话,叫"要当官找索三(索额图),要人情拜老明(明珠)"。

纳兰自小就受到了最好的教育,加上本身也聪明过人,所以十岁时就写出了精警过人的诗词。那是一个元宵佳节,比较奇特的是,这个正月十五出现了月食,十岁的小纳兰当众写下了一首咏月诗:

夹道香尘拥狭斜,金波无影暗千家。
姮娥应是羞分镜,故倩轻云掩素华。

此诗不但语句顺畅流丽,而且巧妙地将月食现象,比喻成月里嫦娥因怕羞而掩面,简直就是斫轮老手的态势,哪像十岁孩童的手笔。所以一时间震惊四座,引来一阵阵赞扬声。

纵观历史上的才子,正像纳兰容若自己曾经感慨过的那样,有的年少就早早成名,有的却大器晚成。容若曾经读完李贺的集子后感慨道:

少陵诗首见于冬日洛城谒老子庙时,为开元辛巳,杜年已三十,盖晚成者也。李长吉未及三十已应玉楼之召,若比少陵,则毕生无一诗矣。然破锦囊中石破天惊,卒与少陵同寿……

意思说杜甫最早的诗写于开元辛巳年,杜甫当时已经三十岁了,算是大器晚成的人。而李贺呢,没到三十岁就死去了,如果他也像杜甫一样,恐怕这一辈子就没一首诗流传了。但是李贺的诗雄奇瑰丽、石破天惊,在诗坛上足以与杜诗相媲美,名气上是和杜甫同样"寿命"的。

当时纳兰可能没想到，自己竟然也和李贺一样短寿，他的生命也只有三十一年！

我是人间惆怅客

虽然生活在富贵窝、温柔乡里，但纳兰似乎经常不快乐，他的词中，全是悲伤凄婉的情调，比如像这一首：

忆秦娥

长漂泊，多愁多病心情恶。心情恶，模糊一片，强分哀乐。　　拟将欢笑排离索，镜中无奈颜非昨。颜非昨，才华向浅，因何福薄。

如果不知道这首词的作者，单看词意，大家会以为是个落魄江湖、典尽春衣的穷酸秀才之类，哪里像侯门公子的气象？

诗为心声，纳兰自己评诗时就这样说过："人必有好奇缒险，伐山通道之事，而后有谢诗；人必有北窗高卧，不肯折腰乡里小儿之意，而后有陶诗；人必有流离道路，每饭不忘君之心，而后有杜诗；人必有放浪江湖，骑鲸捉月之气，而后有李诗。"（《原诗》）

在一般世人眼里，纳兰容若这样的贵公子、官二代，吃的是玉粒金莼，喝的是仙露琼浆，住的是高堂广厦，金银珠宝、红巾翠袖，别人一辈子也得不到的东西，就在眼前。就连官爵，也是唾手可得的小事一桩。他还有什么穷愁怅恨呢？

不过，要说纳兰是无病呻吟，也不见得。虽然生在富贵之家，锦衣玉食，也不见得处处快乐，事事随心。

首先，一生下来就什么都有的人，收获了很多，同时也丧失了很多。就像一个孩子，一下子就拥有了所有的玩具，貌似看上去非常幸福，但却没有了以后再获得新玩具的快乐。所以，我觉得真正的幸福人生，就应该是倒啖甘蔗，先苦后甜才最有滋味。

再者，就算在富贵之家，有明珠这样一个强势的父亲存在，也让纳兰很多事情不能随心如愿。旧时的父亲是相当严厉的，如果细读过《红楼梦》，可能对这一段还是有印象的：

> 贾珍站在台阶上……又问："怎么不见蓉儿？"一声未了，只见贾蓉从钟楼里跑出来了。贾珍道："你瞧瞧！我这里没热，他倒凉快去了！"喝命家人啐他。那小厮们都知道贾珍素日的性子违拗不得，就有个小厮上来向贾蓉脸上啐了一口。贾珍还瞪着他，那小厮便问贾蓉："爷还不怕热，哥儿怎么先凉快去了？"贾蓉垂着手，一声不敢言语。

由此可见，不但是宝玉见了父亲像老鼠见猫，别的做儿子的也是这样。贾琏也曾经被贾赦打了个"动不得"。在这种情况下，纳兰有时的处境可能正像贾宝玉口中埋怨的情形："我只恨我天天圈在家里，一点儿做不得主，行动就有人知道，不是这个拦就是那个劝的，能说不能行。虽然有钱，又不由我使。"

所以，可想而知，让纳兰容若感到委屈的事情，还是有不少的。比如像我们知道的这样一件事：

> 六岁的时候，在纳兰家一次祭祀的仪式中，按规矩大家必须要分食白水煮熟的大肥肉。吃惯了山珍海味的纳兰容若，自然觉得这块大肥肉有说不出的腻人和恶心。但是父亲明珠一改平时的温和，疾言厉色地逼他吃下去。容若大哭起

来，肉掉在地上。明珠却恼火了，他捡起肉来，不由分说往容若嘴里塞。容若无奈，只得含泪吞下。

所以说，这富家儿女也不见得全是得意之事，尤其纳兰容若的母亲觉罗氏，也是一个性格刚硬，甚至称得上暴戾的人物。纳兰母亲的来头更大，她的亲爷爷就是努尔哈赤，父亲就是这位清太祖的第十二子阿济格。阿济格能征惯战，勇猛过人，他打垮了李自成，杀死了刘宗敏，俘获宋献策。但是，因为多尔衮的陷害，阿济格被削爵，入狱而死。所以，纳兰的母亲，可是正宗的格格，要不是因为父亲爵位被削这事，就算明珠这样身份的人还够不上结亲的份儿呢。

不过，阿济格是个性格鲁莽粗暴的人，其女也当是"将种"之属——晋武帝有个胡贵妃，是大将之女，武帝和她玩棋，她竟然毫不容让，还将皇帝的手指给掰伤了，皇帝因此感慨道："此固将种也！"——真是个武夫的后代啊！

所以，有记载说，觉罗氏的性格也是狠妒过人，明珠有次夸一名侍婢眼睛长得好看，觉罗氏竟然把这名婢女的双眼挖出，盛到盘子里送给明珠。这样的霸悍脾气，恐怕幼小的纳兰心中也会长期存在阴影的。《觉罗氏墓志铭》中曾写道："相国忠诚干济，勤劳于外；夫人则综核明察，操持于内。"墓志铭当然只是拣好话说，从其中"勾稽出入，酬答众务，丝分缕析，井然不紊，毫发铢两之奸皆无所容……其训教诸子有均平之慈而无姑息之爱"，能看得出觉罗氏是个精细严厉，十分强势的人物，眼里是一粒沙子也容不得，纳兰童年的快乐和美好的初恋，都被他母亲的铁腕给捻碎了。

相思相望不相亲，天为谁春

由于乾隆说过《红楼梦》是“明珠家事”的话，纳兰容若的形象中就投射了贾宝玉的影子。有一本叫《花帘崖影》的书中评价纳兰容若：“风流旖旎，颇有宝玉为人。”虽然这有点滑稽，类似“爷爷长得真像孙子”的说法，但却反映了人们心中，往往将两者形象糅合在一起。

有一个流传很广的说法，说是纳兰容若也像贾宝玉一样，痴恋过自己的表妹，但是因为母亲阻挠了这门亲事，并将表妹送入了宫中，从而造成容若怅恨一生的悲剧。

然后，从纳兰集中找到一些词，说就是写给这位“表妹”的：

画堂春

一生一代一双人，争教两处销魂。相思相望不相亲，天为谁春。　浆向蓝桥易乞，药成碧海难奔。若容相访饮牛津，相对忘贫。

减字木兰花

花丛冷眼，自惜寻春来较晚，知道今生，知道今生那见卿？　天然绝代，不信相思浑不解，若解相思，定与韩凭共一枝。

这一类词，纳兰集中还有不少，都是写相爱不能相守的痛苦，像诸如“韩凭”（被宋王抢走妻子）之类的典故，更隐喻着心爱之人为暴力权势所逼，不得不离开自己的怨诉。

然而，近年来，经过专家的仔细考证，“表妹”云云，似是虚构。查宫中后妃名录，并没有传说中这个表妹身份的人。而且，“表妹说”之滥觞，源于二百多年后的文人笔记，如李伯元的《南亭杂记》之类。这事要是纳兰生前交好的朋友，如顾贞观、姜西溟等人记载的，那可信度很大，但二百年后的文人记载，臆测的成分太大，刘墉可以变成刘罗锅，乾隆可以遇上夏雨荷，这些野史稗说、小说家言，编起来很没谱。就说这本《南亭杂记》，其中竟然把明珠写成是乾隆时代的人，说乾隆怎么怎么宠幸明珠，吃饭时觉得一道鱼味道极好，就命人给他也送一份去。由此可见，非要把这种破绽百出的文字拿来当“史料”，用现在流行的话说，只能是“也是醉了”。

不过，就算没有这个虚构的表妹，从容若那些伤心的词作中看，他应该还是有一段心中滴血的恋情的。要不然，他不会把这些词写得如此铭心刻骨。都说纳兰是宝玉那样的人物，多情重情，就算是没有表妹黛玉，也可能有晴雯这一类的灵秀红颜吧？所以说纳兰应该是有一次伤心的初恋的。

依纳兰母亲觉罗氏的性格，自然是只能比王夫人凶悍得多，纳兰是她的第一个儿子，而且很长时间中是她唯一的儿子，弟弟揆叙到纳兰十九岁时才出生，像《红楼梦》中王夫人那种“难道我统共一个宝玉，就白放心凭你们勾引坏了不成”的忧虑，恐怕她心中也是存在的。她对纳兰的过度“呵护”，应该就是造成纳兰初恋悲剧的一个重要根源。《红楼梦》中，金钏因和宝玉说了两句玩笑话，就被王夫人打了个嘴巴，骂“下作小娼妇，好好的爷们，都叫你教坏了”，金钏因而投井自尽；晴雯因为风流灵巧，也被撵出大观园，郁郁病死。像这样的悲剧，虽然我们今天不知道，但可想而知，纳兰容若恐怕也是遭遇过的。

像读来令人神伤思恻的《临江仙·寒柳》这一首：

飞絮飞花何处是，层冰积雪摧残，疏疏一树五更寒。爱他明月好，憔悴也相关。　　最是繁丝摇落后，转教人忆春山。湔裙梦断续应难。西风多少恨，吹不散眉弯。

其中“爱他明月好，憔悴也相关”，还有“西风多少恨，吹不散眉弯”历来为人们所称道，但是从词意来看，并非是写给妻子卢氏，所以有人就猜测为“宫中表妹”，但我觉得，也有可能是写给“晴雯”“金钏”这一类的女子的。

由诗文来推测故事，并不靠谱，有人见纳兰词中写有“玉钩斜路”“红泪”之类，就臆测是写给一个身份高贵的入宫女子。其实不然，我们可以试想一下，假如《红楼梦》原稿全部缺失，只剩下一篇《芙蓉女儿诔》，让所谓的“专家”们考证，那指不定猜成什么样呢。他们会通过“忆女儿曩生之昔，其为质则金玉不足喻其贵，其为性则冰雪不足喻其洁……姊娣悉慕媖娴，妪媪咸仰惠德”，考证出这是一位知书达礼的名门闺秀，更有可能从“高标见嫉，闺帏恨比长沙；直烈遭危，巾帼惨于羽野”“汝南泪血”“梓泽馀衷”这类文字中嗅出政治斗争的血腥气，肯定是越猜越离谱。

所以，我猜测，纳兰也有一个类似于“晴雯”的恋人，后来她被赶出府中，才有诸如“怕听啼鴂出帘迟，恰到年年今日两相思”“背灯和月就花阴，已是十年踪迹十年心”之类的怨词。

不辞冰雪为卿热

纳兰心中第二个伤心事，就是妻子卢氏的早亡。容若十九岁时和十八岁的卢氏结为夫妻。卢氏的父亲是两广总督卢兴祖,虽然追根溯源是汉族人,但他早就追随清朝,成了汉军旗。但据考证,卢氏十一岁时,父亲就去世了,也是个命苦福薄之人,而她嫁给纳兰后,亲亲密密的夫妻生活只度过了四年,卢氏就因难产去世了。

所以,纳兰集中,又多了不少伤心的悼亡词,我们最熟悉的有:

蝶恋花

辛苦最怜天上月。一昔如环,昔昔都成玦。若似月轮终皎洁,不辞冰雪为卿热。　无那尘缘容易绝。燕子依然,软踏帘钩说。唱罢秋坟愁未歇,春丛认取双栖蝶。

浣溪沙

谁念西风独自凉?萧萧黄叶闭疏窗。沉思往事立残阳。

被酒莫惊春睡重,赌书消得泼茶香。当时只道是寻常。

“不辞冰雪为卿热”,是三国时的一个典故,荀彧之子荀奉倩娶了曹洪之女为妻,夫妻非常恩爱。有一年冬天,荀奉倩的妻子发起了高烧,他就跑到庭院里把自己冻得冰凉,再去抱妻子,为她退烧。最后妻子没救过来死了,荀奉倩也因此得了病,不久也死了。

纳兰容若在词中用此典故,可想他的心情也是如此,卢氏的死,也带走了他的半条命。十几年后也是同一个日子,纳兰终于追她而去了地下。

上天似乎有意让纳兰这个多情人断肠伤魂,刚刚由这个娇倩秀美的妻子抚慰了的心中的伤口,却又因她的去世,连痂带血地被撕裂。正如他词中所说:“几年恩爱,有梦何妨……赢得更阑哭一场。”

其实卢氏也并非是李清照似的大才女,“赌书消得泼茶香”之句,只是形容夫妻恩爱,因为纳兰自己在一首词的小序中就提到"妇素未工诗"这样的话,但就算卢氏不会写诗,她在纳兰心中也是最娇美、最温柔、最可爱、最贤淑的。她逝去了,"近来无限伤心事,谁与话长更?"这些有血有泪、有情有义的句子,成就了纳兰词,但却摧伤了他的心肝。

三年后,纳兰又续娶了一位官氏夫人,这位夫人是光禄大夫少保一等公朴尔普之女,属于有"满族第一氏族"之称的瓜尔佳氏,当然也是名门望族了。这次婚姻十有八九也是其父母一手操办而成。纳兰对这位官氏夫人感情十分淡漠。据考证,纳兰早亡后,官氏就回自己的娘家去了。是否改嫁他人,也不得而知。

在纳兰的生命中,我们知道的,除了以上两位女人外,还有一位侍妾叫颜氏。卢氏夫人没过门之前,她就在纳兰身边了,还给纳兰生下了长子福格。这位颜氏,虽然没有资料表明她的来历,但据揣测,大概就是纳兰身边的丫头收房的吧。就相当于贾宝玉身边的袭人那种。贵公子们"初试云雨情",往往就是这种通房丫头,正像袭人并不妨碍宝玉对林妹妹的爱情一样,宝玉也不会写诗给袭人,颜氏的身影在纳兰的词中,也没有出现过。

还有一位叫沈宛的江南女子,是纳兰的朋友介绍而来的。但她是汉人,又似乎是个出身风尘的女子,所以根本就没有正式进入纳兰的家门,纳兰容若在德胜门附近租了个宅院把她安置下来,有点类似贾琏一开始对待尤二姐的那种方式。然而,纳兰府中似乎根本不承认她,连妾也当不上。因为纳兰在家并非是说一不二的男主人,有父亲明珠,有母亲觉罗氏,再加上个娘家有势力的官氏,这三股力量,可能都对沈宛有偏见。其实我觉得,幸好沈宛没进纳兰的家门,要不然,一进这侯门中的龙潭虎穴,尤二姐的下场就是榜样。

说来纳兰活得也是委屈啊,一件快意的事也做不成。有人说他词中的怨情是多病的身体和敏感的性格造成的,我觉得最重要的根源,就是他强势的父母,但这事不宜大肆宣扬,也不能公开讨伐,所以成了郁结在他心中的块垒,痞积难消。好友顾贞观是懂他的,所以在祭文中为他倾诉:“所欲试之才,百不一展;所欲建之业,百不一副;所欲遂之愿,百不一酬;所欲言之情,百不一吐。”

沈宛其实倒是能诗擅词的,曾经写下过一首著名的词,回忆当年和纳兰相处的情景:

菩萨蛮·忆旧

雁书蝶梦皆成杳,月户云窗人悄悄。记得画楼东,归骢系月中。　　醒来灯未灭,心事和谁说?只有旧罗裳,偷沾泪两行。

沈宛和纳兰的生活只有半年左右,有人考证她生有纳兰的一个遗腹子,虽然如此,她也没有资格进纳兰府中,纳兰家把孩子留下,将沈宛赶回江南。这种做法,似乎是满族对待汉人女子的一贯做法,我们看《飞狐外传》中,马春花的下场(留下孩子,毒杀生母)就知道了,沈宛能活着回到老家,还算是幸运的了。可能有读者说,小说的情节也能当证据?你就瞎掰吧!焉知金庸这段情节,也是有所本的,他自己注释过:

清朝相国夫人下毒,确有其事。袁枚《随园诗话》卷一有记:“余长姑嫁慈溪姚氏。姚母能诗,出外为女傅。康熙间,某相国以千金聘往教女公子。到府住花园中,极珠帘玉屏之丽。出拜两姝容态绝世,与之语,皆吴音,年十六七,学琴学诗颇聪颖。夜伴女傅眠,方知待年之女,尚未侍寝于相公也。

忽一夕二女从内出，面微红。问之，曰：堂上夫人赐饮。随解衣寝。未二鼓，从帐内跃出，抢地呼天，语呶呶不可辨。颠仆片时，七窍流血而死。盖夫人喝酒时，业已鸩之矣。姚母踉跄弃资装即夜逃归。常告人云，二女年长者尤可惜，有自嘲一联云：量浅酒痕先上面，兴高琴曲不和弦。”批本云：“某相国者，明珠也。”

看到了吗？“某相国者，明珠也”，由此可见，纳兰母亲确实恶毒异常。可想而知，纳兰的境遇并不好，爱情处处受到挫折，这也是为什么纳兰在《拟古》诗里写下：

予生未三十，忧愁居其半。
心事如落花，春风吹已断。

身向榆关那畔行

纳兰的仕途，其实还是相当顺利的。其实对于他这种豪门贵胄，不经过科举也能顺利地当官，但纳兰还是希望在科场中一显身手的，他十八岁时，很轻易就考中了顺天府的举人。又在第二年考进士的会试中轻松过关，其中原因，纳兰的才学是一方面，他家的权势也让他如虎添翼。

只不过，在皇帝亲自主持的殿试中，纳兰突然生了一场寒疾，因病缺考，没能参加这最重要的金殿对策。纳兰心中万分沮丧，写下这样一首诗：

幸举礼闱以病未与廷试

晓榻茶烟揽鬓丝，万春园里误春期。

谁知江上题名日，虚拟兰成射策时。

紫陌无游非隔面，玉阶有梦镇愁眉。

漳滨强对新红杏，一夜东风感旧知。

其实，纳兰大可不必这样伤悲，要是这时他能碰到比他大十五岁，已经被科举折磨得人不像人、鬼不像鬼的蒲松龄老师，心情可能一下子就平和多了。但可惜的是纳兰可能不知道还有蒲老师这样的苦命人，于是就觉得自己好委屈了。

事实上，这次“挫折”根本没有影响纳兰的仕途，纳兰一开始就做了御前的三等侍卫，后来不断晋升，成为正三品的一等侍卫。纵观清朝历史上重臣，很多都是从御前侍卫这个职务做起，像康熙幼年的四大辅臣之一的索尼，还有他的儿子索额图，都是从侍卫做起，成为名震朝堂的重臣的。还有大家都熟悉的和珅和大人，一开始也是做侍卫的，所以纳兰的仕途还是相当光明的。

不过，凡事有利有弊，御前侍卫这个工作，虽然看起来很好，但皇帝面前无小事，要事事谨慎、处处小心。这也造成纳兰心情的压抑。严绳孙的《成容若遗集序》中也提过：“及官侍从，值上巡幸，时时在钩陈豹尾之间。无事则平旦而入、日晡未退以为常。且观其意，惴惴有临履之忧……”在家受约束，在外工作也挺不自在，所以他“身在高门广厦，常有山泽鱼鸟之思”，常发“身将云路翼，缄恨在雕笼”的感叹。

有时我想，如果皇帝不是这样重视他，纳兰容若被吏部外放到州县中做做官，对他倒是极大的快乐。当然，随着他的岁数越来越大，也有可能实现这样的愿望（侍卫一般是年轻小伙充当）。像曹雪芹的爷爷曹寅，一开始也是做侍卫，和纳兰是同事，但是后来就调任了江宁织造。要是纳兰也能谋个类似的差事，既不在父母眼前，又不在皇帝驾前,当一个“土皇帝”,可能容若心中就不太郁闷了吧。然而,他却没有等到这样的机会。

随皇帝护驾期间,纳兰的心情也并不开朗,像他的《长相思》这首词,就流露出他的心态:

> 山一程,水一程,身向榆关那畔行。夜深千帐灯。
>
> 风一更,雪一更,聒碎乡心梦不成。故园无此声。

如果不知道背景,只看词意,简直就像一个被迫辞家远征的戍卒,走向遥远的征程,不知道何时能回乡,不知道还能不能留存这一条性命。完全想不到,这是一个尊贵的皇家侍卫,在千军万马簇拥下一起巡视自己祖宗的龙兴之地、发祥之地。

要是一般的孩童,在北京城住惯了,突然到塞北逛逛,不缺吃,不缺穿,看看壮阔风景,心中应该蛮滋润的吧。然而,这情景却被纳兰写得如此凄婉,不能不说这是他敏感多愁的性格使然了。像人家苏东坡,给降罪发配到海南岛,缺衣少食的,还写诗道:“九死南荒吾不恨,兹游奇绝冠平生。”

出巡了塞北之后,纳兰也随着康熙皇帝下了江南。六下江南中,这是康熙第一次巡幸江南,也是纳兰唯一的一次,因为一年后,他就因病去世,之后的江南之行,当然就无缘了。

在江南,纳兰也写下一组《忆江南》的词,和白居易的词格式相似,上来都是“江南好……”,比如“江南好,建业旧长安。紫盖忽临双鹢渡,翠华争拥六龙看。雄丽却高寒”之类。说句不怕被纳兰粉丝拍砖的话,这些词写得没有他的爱情词好,和前人所咏的江南词句相比,并不见出色。

但不管怎么说,纳兰容若随皇帝的两次出行,使他的眼界开阔了不少,辞章也丰富了不少,所以集中除了情爱之外,也有了不少怀古幽思,比如在山海关孟姜女庙处题道"澄海楼高空极目,望夫石在且留题",在金章宗李妃洗妆台上吟出"看胭粉亭西,几堆尘土。只有花铃,绾风深夜语",尤其能代表容若历史观的,应该是《蝶恋花·出塞》这一首词:

今古河山无定据。画角声中,牧马频来去。满目荒凉谁可语?西风吹老丹枫树。　　从前幽怨应无数。铁马金戈,青冢黄昏路。一往情深深几许?深山夕照深秋雨。

咏史诗词,不独看遣词造句,尤其要看立意。容若这首词中不仅仅是感慨世事兴亡,而且充分流露出厌倦战争,希望解除纷争杀伐的思想,并没有不惜用滚滚人头、累累尸骨来开疆拓土的所谓"豪情壮志",这是相当可贵的。尤其值得注意的是,纳兰作为满族贵胄,在打江山的战争中是胜利者,此时却发出一种悲天悯人的感慨,这不能不说,在那个时代,纳兰的思想,是相当超前的,进步的。相比之下,现在却还有人憧憬"看铁蹄铮铮踏遍万里河山"的"壮举",打鸡血似的叫嚷着打打杀杀,似乎并非是文明时代中人们应有的做法吧。

共君此夜须沉醉

和贾宝玉有所不同的是,纳兰并非只是在闺阁中混迹的"怡红公子",出门也只是结交一些诸如秦钟、蒋玉菡这类的"男姑娘"。纳兰容若的文人朋友还是很多的,而且不少还是布衣之士。虽然身为相门公子,但他却不矜不傲,和很多汉族文人都结为挚友。

最亲密的当属顾贞观。他是江苏无锡人,出身于书香门第。比容若大十八岁，和晚明东林学派渊源极深，他的曾祖是东林学派的领袖顾宪成，父亲顾枢，又是东林学派高攀龙的门生。自幼家学渊博的他，曾以一句“落叶满天声似雨，关卿何事不成眠”，震惊当时的文坛。

当顾贞观已经是四十岁，容若二十二岁时，他们终于遇上了。

两人一见倾心，直叹相见恨晚。正像武林中的好友，见面就要较量一下，词坛上的好友，当然就是以词相赠，所以《饮水词》中，有了这样一阕挥洒着情意、闪耀在词坛的佳作：

金缕曲·题侧帽投壶图赠梁汾

德也狂生耳。偶然间、缁尘京国，乌衣门第。有酒惟浇赵州土，谁会成生此意？不信道竟成知己。青眼高歌俱未老，向尊前、拭尽英雄泪。君不见，月如水。 共君此夜须沉醉。且由他、蛾眉谣诼，古今同忌。身世悠悠何足问，冷笑置之而已。寻思起、从头翻悔。一日心期千劫在，后身缘恐结他生里。然诺重，君须记。

这首词中，纳兰容若对顾贞观的友情表露无遗，可谓是玉壶冰心，丝毫没有半点渣滓。开头他说自己其实也是一个狂生，只不过误生在了豪门公侯之第罢了。和贾宝玉所说“可恨我生在这个侯门公府之家，绫锦纱罗只不过裹了我这个枯株之木，羊羔美酒也不过填了我这废窟泥沟”之类的话，有相同的意味。这恐怕也是很多熟知纳兰脾性的人，说贾宝玉形象中有他的影子的原因吧。

然后，容若又诚心诚意地表达了要和顾贞观终生相知相守的愿望：“一日心期千劫在，后身缘恐结他生里。然诺重，君须记。”男女间海誓山盟，要的是“生生世世为夫妇”，而纳兰这首词中，也是“盟订三生”。

顾贞观平生最为感激的是，纳兰容若为他办成了一件牵挂了许久的大事——营救他的好友吴兆骞。这个人早年和顾贞观是好友。在顺治十四年“丁酉科考案”中遭了殃，被发配到黑龙江的宁古塔。由于牵扯到一些政治性的问题，加上康熙不愿意轻易否决其父所钦定之案，这件事大费周折，最终还是纳兰的父亲明珠想了个办法，由纳兰容若资助了两千两银子，让吴兆骞以认修内务府（皇家）工程的名义赎罪放还。压在顾贞观心头二十多年的一件大事，终于给办成了！

除了顾贞观外，纳兰容若的文人朋友实在不少，像姜西溟、严绳孙、朱彝尊、秦松龄，再加上当过他老师的徐乾学、高士奇等，可谓济济一堂，这些清初的文坛大腕们，经常在纳兰府中开“文学沙龙”。

当然，这些朋友给纳兰带来的，不完全是“兴言高咏，衔杯引满”。有时也有不和谐的噪音，像徐乾学与明珠渐渐有所龃龉，高士奇和朱彝尊结怨；严绳孙见朱彝尊、秦松龄被贬官夺职，就意兴萧索，回乡归隐。

像纳兰词中最著名的那首：“人生若只如初见，何事秋风悲画扇。等闲变却故人心，却道故人心易变……”很多人都当作男女情爱中的滋味，却忽视了《木兰词》这个词牌后面还有小字题目：“拟古决绝词，柬友”。也就是说，这是一首写给一个朋友的绝交词。

不过，这些杂音噪音，并没有影响到纳兰容若交友的热情，直到他得病辞世的前一天，他还和朋友们一起吟咏夜合花：

阶前双夜合，枝叶敷华荣。
疏密共晴雨，卷舒因晦明。
影随筠箔乱，香杂水沉生。
对此能消忿，旋移近小楹。

这就是纳兰容若生命中的最后一首诗，第二天，他就病倒了。这时正是盛夏，密云不雨，闷热难耐，而容若却七日不汗，水米不进。或许，在现代的医学技术下，纳兰只不过是感染了伤寒，住上七天医院罢了，但在那个年代，却让他就此一瞑不视。

《幽梦影》一书中曾说："才子而美姿容，佳人而工著作，断不能永年者，匪独为造物之所忌。盖此种原不独为一时之宝，乃古今万世之宝，故不欲久留人世取亵耳。"

纳兰的早逝，给才子多夭、红颜薄命的例子，又增加了一个例证，《春明外史》中，张恨水写到过一位才子，死于三十岁的壮年。其友恸道："看到平日写的词，我就料他跟那纳兰容若一样，不能永年的……"

家家争唱《饮水词》

纳兰容若的词，初名《侧帽集》，取独孤信侧帽风流之意；但后来经历更多的世事以后，命名为《饮水集》，其意为"如鱼饮水，冷暖自知"，含义更深刻丰富了许多。

纳兰的词集问世后，很快就到处传唱，有"家家争唱《饮水词》，纳兰心事几曾知"之说。也有人到纳兰生前的渌水亭畔凭吊后，写词道："奈侧帽，风情断。觉弹指，韶光换，便飘香秀笔，总随云散。"

然而，随着时代的更迭，《纳兰词》并没有"总随云散"，反而是越来越受到人们的喜爱和追捧，在清代时，文坛上对纳兰词的评价虽然很高，但却没有抬举到第一位的程度。像谭献的《复堂诗话》称："有明以来，词家断推湘真（陈子龙）第一，饮水次之。"《白雨斋词话》也说："容若《饮水词》，在国初亦推作手，较《东白堂词》（佟世南撰）似更闲雅。然意境不深厚，措词亦浅显。"到了清末，王国维则以为："此由初

入中原，未染汉人风气，故能真切如此，北宋以来，一人而已。”（《人间词话》）

近年来，纳兰词越来越受人喜欢，其热度不仅碾轧整个清代词坛，甚至有超过南唐后主、压倒北宋小晏的态势。以前的论调中往往说，容若为纯情词人，词以情取胜。内容比较单薄，基本上局限在个人抒情的狭小天地里：爱情、友情、乡情等。但古代诗词到了今天，为人们所欣赏的，正是这些情语情诗，所谓的士大夫风雅，治国齐家的抱负等那些古人推崇的东西，全都成了钱钟书先生说的“用废的电池”，闪不出火花了，唯一能点亮心灵的，还是爱情。所以纳兰的词异常火爆就不难理解了，再说现在又是个看脸的世界，美姿容的纳兰，当然秒杀一大把胡子的老儒们了。

不管怎么说，纳兰这个才子为清代词坛增添了一抹亮色，他的《饮水词》“读之如名葩美锦，郁然而新。又如太液波澄，明星皎洁”。他的形象风流旖旎，又嵚崎磊落，让三百多年来的人们吟唱不衰，还让21世纪的多情少女们梦萦魂牵，虽然只在世上经历了三十一年，也算是不枉此生了。

北京的宋庆龄纪念馆，是当年明珠府的旧地，渌水亭早已不复存在，虽然相传那棵夜合花树还是当年的旧物，但经不起推敲考证，冷酷的真相是，那株花树也早已泯灭无存了。不过漫步其中，还是能体会到一点纳兰当年的气息吧。

如果你也是执着的纳兰迷，再有机会去那个地方，不必太计较那棵树是不是纳兰所见过的，就读一首好友顾贞观写给他的挽词吧：

望海潮·祭纳兰容若

青烟散后，绿云重绾，今来欲见何缘。每约花时，共听莺处,将归几度留连。冰玉语空传,信书生薄命,自古而然。谁遣罡风,无端吹折到青莲。　　品题真负当年,倩泪痕和酒,滴醒长眠。香令还家,粉郎依旧,知他一笑幽泉。慧业定生天,怕柔肠侠骨,难忘人间。莫更多情,漫劳天上葬神仙。

几回掩卷哭曹侯

“开口不谈《红楼梦》，读尽诗书也枉然”，自唐宋之后逐渐兴起的小说这种文体，到《红楼梦》时，出现了一个顶峰。《红楼梦》一出，一扫过去才子佳人“千人一腔，千人一面”的俗滥之作，它光芒万丈，让无数后人痴迷沉醉，以至于发展出“红学”一脉，让无数的专家学者终日争鸣，不可开交。

且不说当年，就人民文学出版社一家印刷的《红楼梦》，就已经发行了超过700万套，按现价一套47元来计算，假如曹雪芹先生在世的话，至少应该拿到3290万元的版税，而且这仅是人民文学社一家，其他众多出版社的就暂时不说了。然而，当年的曹雪芹先生，却是“举家食粥酒常赊”，过着茅椽蓬牖、瓦灶绳床的生活，以致困顿而死。

我小时候也曾经为《红楼梦》所迷，小时候家里管教甚严，四大名著中唯独禁止看《红楼梦》（家长的理由是有“少儿不宜”的情节），虽然当时已是20世纪80年代，可笑的是，在我家里《红楼梦》却还是“禁书”。唯一开放给我看的就是那本《红楼梦诗词评注》（蔡义江先生著）一书，记得就是这本书，带我走进了一个令人痴迷的红楼世界。虽然当时此书中有好多政治套词，比如阶级分析之类的观点（1979年的版本），但《红楼梦》的魅力已让我如醉如痴，本来就喜欢唐诗宋词的我，一见到《红楼梦》中的诗词后，更是一下子被迷住了。可谓“向来痴，从此醉”。由于不让看《红楼梦》的全本，我只好从这本《红楼梦诗词评注》中猜测揣想书中的一些情节，这感觉酷似红学家们凭借“脂批”探究八十回后佚稿的情景。

据有关专家的考证，曹雪芹的曾祖曹玺很早就追随努尔哈赤，他是个“少好学，沉深有大志”“读书洞彻古今，负经济才，兼艺能，射必贯札”（康熙二十三年未刊《江宁府志》卷十七《曹玺传》）的能人。他征讨过李自成和南明弘光政权，顺治六年（1649）二月，曹玺又随睿亲王多尔衮出征山西大同，戡平姜瓖叛乱有功，“拔入内廷二等侍卫，管銮仪事，升内工部”。康熙二年（1663），“特简督理江宁织造”（同上）。从此曹雪芹家开始定居江南。

曹家之所以非常发达，不仅仅在于鞍前马后的功劳，还在于曹玺的妻子孙氏当过康熙皇帝的保姆，康熙和曹雪芹的祖父曹寅是总角之交，基于这层关系，康熙自然对曹家格外亲切，于是曹家在康熙年间达到鼎盛时期，堪称“烈火烹油，鲜花着锦”。孙老夫人对曹家的兴盛有非同小可的作用，她生前就被封为一品夫人，在曹家是相当有权威的，一如贾府中的贾母。

接下来的事情大家都很熟悉，康熙帝一死，雍正皇帝即位，当时曹寅已死，他继任江南织造的儿子曹颙也短命早夭，于是曹家过继了一个侄子曹頫。此时曹家亏空官银很多，窟窿越来越大，曹頫还不出亏空的钱来，结果被抄家拿问，曹家破落。正所谓：“忽喇喇似大厦倾，昏惨惨似灯将尽，一场欢喜忽悲辛！”

按红学家们的考证，曹雪芹此时也就三四岁。

非常可惜的是，由于曹雪芹一生没有当过官，成为显贵，他的生平事迹也模糊不清。作家余苍曾经写过长篇文章《曹雪芹》，但他感慨道：“像曹雪芹这样一个最为人民所熟悉的大作家，一部《曹雪芹传》，是不可缺少的，可是捧着这一堆堆零乱薄弱的资料，谁也感觉到无从下手。”

而毕生沉浸于红学研究的周汝昌先生，也觉得他写的《曹雪芹新传》是一个从碎陶片似的资料中，恢复出来的古陶罐。

从这些零星第一手资料里，大致可以知道这样的一个情形：

早年的曹雪芹，豪放不羁，身杂优伶

很多人，往往用小说中的人物来"影印"作者，其实并无道理。曹雪芹并非是"现实版"的贾宝玉。裕瑞的《枣窗闲笔》中说：

> 雪芹二字，想系其字与号耳，其名不得知。曹姓，汉军人，亦不知其隶何旗。闻前辈姻戚有与之交好者。其人身胖头广而色黑，善谈吐，风雅游戏，触境生春。闻其奇谈娓娓然，令人终日不倦，是以其书绝妙尽致。闻袁简斋家随园，前属隋家者，隋家前即曹家故址也，约在康熙年间。书中所称大观园，盖假托此园耳。其先人曾为江宁织造，颇裕，又与平郡王府姻戚往来。书中所托诸邸甚多，皆不可考，因以备知府第旧时规矩。其书中所假托诸人，皆隐寓其家某某，凡性情遭际，一一默写之，唯非真姓名耳。闻其所谓宝玉者，尚系指其叔辈某人，非自己写照也。所谓元迎探惜者，隐寓原应叹息四字，皆诸姑辈也。……又闻其尝作戏语云"若有人欲快睹我书，不难，惟日以南酒烧鸭享我，我即为之作书"云。

由此可见，曹雪芹并非像《红楼梦》中的宝玉那样，是个"面若中秋之月，色如春晓之花"的俊美哥儿，而是"身胖头广而色黑"的粗汉子，一点翩翩浊世佳公子的影儿也没有，反而倒像是相声界的。书中宝玉的形象不是他，其实是他的"叔辈某人"。其实这也不奇怪，作者未必就像小说中的主人公。唐代才子温庭筠,写有许多妩媚风流的花间词,却长得奇丑,有“温钟馗”之称。汤显祖的《牡丹亭》写得文采斐然,吸引了不少少女。据说当时内江有个女粉丝,读《牡丹亭》太入迷了,以为汤显祖也像书中的才子一样貌比潘安,才比子建,于是誓言非汤显祖不嫁。当汤显祖在西湖宴客时,该“汤粉”赶紧跑去与之见面,结果,她发现汤显祖竟是个白发苍苍的糟老头,心中的童话世界瞬间崩溃,一怒之下竟投水而死。

而且,早年的曹雪芹还非常风趣幽默,一点也不“自重”,让人用“南酒烧鸭”来换自己新写的小说片段。

晚年的雪芹居住在环堵蓬蒿的西山僻巷之中

如今,我们所了解的曹雪芹在西山的生活情形,其实也都是靠敦诚、敦敏和张宜泉这三个朋友在诗中提到的一鳞半爪。敦敏、敦诚二人,都是落魄皇族,他们是努尔哈赤第十二子、八王阿济格(英王)的第五代孙。前面说过,纳兰容若的母亲,就是阿济格的女儿。

阿济格以“谋乱”罪被赐自尽,雍正皇帝也视其为“奸党”,所以这俩人虽为龙子龙孙,但却也非常不得志,因此和同样家境败落的曹雪芹有同病相怜、意气相通之缘。

有关曹雪芹后半生的轮廓,基本上都出自于敦敏、敦诚兄弟笔下。通过他们的诗,我们知道曹雪芹住在“满径蓬蒿”的荒僻西山,“举家食粥酒常赊”。又知道乾隆二十九年(1764),他因幼子去世,伤心过度,于是也染病而逝,诗中道:“四十年华付杳冥,哀旌一片阿谁铭?孤儿渺漠魂应逐(前数月,伊子殇,因感伤成疾),新妇飘零目岂瞑?”

所以,我们才知道了曹雪芹著书西山黄叶村,于穷愁病苦中英年逝去的大致情景。而张宜泉是曹雪芹迁居西山后的邻居,与曹的住处

“一径隔幽溪”，著有《春柳堂诗稿》，在这其中，有四首诗写到曹雪芹。其中《伤芹溪居士》诗序中和敦诚、敦敏等人的诗可相互印证：“其人素性放达，好饮，又善诗画，年未五旬而卒。”

20 世纪 60 年代，有人持一幅“曹雪芹”的画像，以 10 元钱价格卖给了河南博物馆，上题画像是一本册页的一页，可对折成两扇，纸面已经发黄。右扇画着一个席地而坐的中年人，身着长衫，足蹬麻鞋，左腿平盘，右腿曲竖，左手支地，右手平抚右膝，显得风流儒雅，闲情逸致。画像左上方题有字，上书：

雪芹先生，洪才河泻，逸藻云翔，尹公望山，时督两江，以通家之谊，罗致幕府，案牍之暇，诗酒赓和，铿锵隽永，余私忱钦慕，爰作小照，绘其风流儒雅之致，以志雪鸿之迹尔。

一时间，红学家如周汝昌先生等奉为至宝，以为是有关曹雪芹的生平的重大发现。后来他写《曹雪芹新传》时，还着意浓墨重彩地加了一章，写曹雪芹在尹继善幕下备受赏识器重的情形。然而，这里又出现了一个漏洞，尹继善和袁枚是非常熟识的好友，这个“曹雪芹”既然是尹府贵宾，为什么袁曹二人没有“诗酒赓和”的记载？于是周汝昌先生又猜测道：“有人介绍，想为曹、袁二人牵丝引线，以为两诗人定能投契。雪芹素知袁枚风格不高，看不入眼，拒而不往。这也得罪了南京的诗坛文苑。”

这个事情，纯粹是捕风捉影了，后来事实证明，那个所谓“曹雪芹”的像，根本就是假的，虽然确实是一幅清朝乾隆年间的画像，但画的其实是一个叫俞楚江的人，作伪者觉得俞楚江名声太小，卖不上高价，于是就伪称是曹雪芹像。此为红学界的一场闹剧，要说还是郭沫若的底子深，当年就觉得这幅画有假，不是曹雪芹。

前些年，号称出土的曹雪芹墓碑，上面歪歪斜斜地刻了“曹公讳霑墓”，更是一看就知是假的，迹近儿戏的闹剧。

正是因为有这众多的造假，所以有人对“曹雪芹”这个人是不是真有，会不会只是著书者随意撰写的假名，只是“抄写勤”的谐音，然后又正好和乾隆年间敦诚、敦敏等人交往的一个人重名，而产生的误认呢？毕竟敦诚、敦敏、张宜泉等人，都提到过这个曹雪芹能诗善画，却从来没有提到过《红楼梦》这回事，甚至连他写过小说的事也只字未提。古来穷愁病苦的书生、文士、画家，多不胜数，有与《红楼梦》作者经历偶合者也不足为奇。

然而，不管怎么样，既然《红楼梦》书中写了“曹雪芹”这个名字，又在自序里提到过“故当此蓬牖茅椽，绳床瓦灶，未足妨我襟怀，况对着晨风夕月，阶柳庭花，更觉润人笔墨”，那么我们猜想的曹雪芹先生的大致经历，还是不差的。

而且，我一直怀疑，《红楼梦》的创作，很可能有闺中女子在参与。她究竟是不是就是“脂砚斋”，这事还不能断定。但我觉得《红楼梦》是经过一次大的删改变动的，原本的《红楼梦》可能更低俗世情一些，比如像秦钟、蒋玉菡、红楼二尤之类，都是早期版本的，而大观园中的种种情事，唯美的意境，刻画入微的儿女情态，应该就是这位女性作者口述甚至亲笔创作的。《红楼梦》中描写闺阁雅事的文字，很多透着女性的心态，女性的思维，其中的细腻生动之处，似乎非女子之手难以写出。而且，《红楼梦》中，写内事井井有条，一丝不苟，写外事就模糊不清了，比如官宦之间的交往，大观园的兴建和采购事宜，往往一笔带过，这好像都是过去“男主外，女主内”的习惯造成的。

其实，繁花似锦的明清小说中，有很多这样的“无名英雄”，比如像《金瓶梅》的作者兰陵笑笑生，《玉娇梨》《平山冷燕》等十六部小说的作者天花藏主人，他们都甘愿藏在历史烟云的深处，让人无迹可寻，无踪可访,却把一年年春夏秋冬日日夜夜萤窗青灯下沥出的心血,写成这一篇篇动人的文字,滋养无数的读者。

《红楼梦》的伟大和作者曹雪芹的才情,其实也不用再来多说,回顾我的"才子系列"的最初开篇,所选人物的格调,就是按《红楼梦》一书中所说的标准—— 兼具"聪俊灵秀之气"和"乖僻邪谬不近人情之态"而来。周汝昌先生是曹雪芹的忠实粉丝,曾写过一篇《曹雪芹赋赞》,但我此处不想引用,觉得还是用脂批中的一首来赞叹一下更好:

浮生着甚苦奔忙? 盛席华筵终散场。
悲喜千般同幻渺,古今一梦尽荒唐。
漫言红袖啼痕重,更有情痴抱恨长。
字字看来皆是血,十年辛苦不寻常。

诗财食色话袁枚

如果能穿越到过去，经历一个清代才子的生活，前面说过的那几个都不是很合意的。被砍头的金圣叹，苦逼一生的蒲松龄、曹雪芹之类就不用说了，李渔虽然貌似善于经营，但是却四处可怜巴巴地打秋风，让心爱的女子抛头露面，自己也费尽心机阿谀逢迎，即便如此，也还曾饱受索逋追债之苦。纳兰容若虽然有才有财有貌，又生在温柔乡金银窝里，但上面已经说了，他有种种的不快乐，而且三十一岁就早早夭亡。

而这一篇中介绍的人物，应该说是清福全享、风光尽占，不但在诗坛上享有大名，而且他三十三岁左右就辞官，过起了“退休”生活，“未老得闲始是闲”，如果到了爬不动的时候再退休，那就只是养病等死，不是养生怡年了。而袁枚的后半生，将近半个世纪的时光，就在风景幽美的随园中尽享福寿。而且，他这后半生，也不是枯淡度日，而是饫甘餍肥，纵情声色，娇姬美妾不停地娶进门，自己有诗道“有官不仕偏寻乐，无子为名又买春”，倒是挺会自我揭露的，没有儿子就是借个因由，买春渔色才是真实目的。由此看来，袁枚绝非伪君子一类。另外，他还四处随意游览，八十多岁还去游山玩水，然后以八十二岁高寿辞世。

学为四子文,聪明逐臭腐

袁枚于康熙五十五年(1716)生于浙江钱塘县东园大树巷。这个地方,大致在现在的杭州市建国北路树园小区那一带。袁枚生在一个不算太富有的家庭,父亲袁滨经常游食四方,做幕宾为生,经常不在家。母亲章氏是杭州名士之女。然而,给袁枚最多照顾的是祖母和他的姑母。直到八岁,祖母还把袁枚抱在怀里,他的姑母饱读诗书,因丈夫去世回娘家住,经常给他讲各朝故事和历史知识,给早慧的袁枚以启蒙。

尤其可贵的是,他这位姑母非常开通明达,绝非迂腐老儒之辈。袁枚十四岁写的《郭巨埋儿论》,就是秉姑训而作。其中狠狠抨击了郭巨这种没有人性的假孝顺的嘴脸。《随园诗话》里记载了一首姑母写的诗:"孝子虚传郭巨名,承欢不辨重和轻。无端枉杀娇儿命,有食徒伤老母情……"说得确实在理,就按古代礼法,郭巨也称不上是"孝",孔子也曾说:"今之孝者,是谓能养,至于犬马,皆能有养,不敬,何以别乎?"也就是说现在的人往往把让父母吃饱穿暖就算孝顺,那和养狗马家畜有什么区别,孝顺,应该是尊敬和服从。不让老人顺心,算什么孝敬?可想而知,如果真正埋了郭巨之母最心爱的小儿,给她带来的伤害有多少大,多吃几口饭,能抵得了吗?

这所谓的"二十四孝"中,郭巨的做法尤其令人发指,但古人囿于传统礼教,很少有人敢指摘,袁枚自小就培养出这种讲人情、通人性的素质,以后贯穿在他一生的言行中,比如对待妓女、贱役这样的下层人士不虐待、不轻视,对待两情私相愉悦的男女不严苛、不迫害。袁枚能有着种种贴近现代文明的思想,不能不说是其姑母的功劳。按说这位姑姑应该写本《早期教育与天才》。

不过袁枚家里并不是太富有，藏书不多，还不够聪明过人的他“消化”的。《黄生借书说》是中学语文课本中的教材，作者就是袁枚，其中“余幼好书，家贫难致。有张氏藏书甚富。往借，不与，归而形诸梦。其切如是。故有所览辄省记”这段文字，不知大家是否还记得？

因为家中的图书匮乏，袁枚九岁时才偶然看到《古诗选》一书，当即爱不释手。对于诗赋他是无师自通，后来他在《随园诗话》中记载，九岁就写下“空梁无燕泥常落，古佛传灯影太孤”一联，十五岁又写有“新丝买得刚三月，旧雨吹来似六朝”等佳句。不过，当时他父亲非常反对他看诗学诗，让他专攻那些科举敲门砖——“四书五经”。

有诗为证：“九岁读《离骚》，嗜古有馀慕。学为四子文，逼迫窘严父。糟粕日浸淫，聪明逐臭腐……”后来袁枚可能觉得写父亲的“坏话”不大好，于是删去了“逼迫窘严父”之句。好在这位“严父”整天忙于游幕，不在家中，所以小袁枚还是有时间来看诗赋杂书的。

不过，攻读“四书”对袁枚来说，还是很有用的。和蒲松龄等人比起来，袁枚的科举之路，可以说是一帆风顺。袁枚虽然有过一次小小挫折，但是他一旦专心起来，“忍心割爱，不作古文，不观古书”，专门苦攻了一番八股时文，就于二十三岁时，顺利考中举人，次年又拿下进士的功名，选庶吉士，进翰林院。这在清代才子中，可以说是声名早达，着人先鞭的。

袁枚还有点得了便宜卖乖，写下《释褐》一诗道：“学著宫袍体未安，蓝衫转觉脱时难。呼僮好向空箱叠，留作他年故旧看。”穿上了华丽鲜艳的锦袍，却说陪了多年的旧蓝布袍子还真舍不得脱。幸好蒲松龄先生当时早已过世，要是能读到他这首诗，岂不得气得老泪纵横？

袁枚衣锦还乡时，自然又是一派喜气洋洋，没到家门，远远地就看到自家门户上彩竿高竖，张灯结彩，家人相聚，当然是喜不自胜，小妹还非要他把宫袍拿出来穿上给她看看。只是当时袁枚的老祖母已经过世了,只能是到她的坟前告慰了:“果然宫锦服,来拜墓门烟。”

不做高官,非无福命只缘懒

但是接下来,袁枚的仕途出现了“顶头风”,因为他“外语”(满文)不及格,没能留在翰林院,被外放到江南任县令。袁枚满以为能留在中央当玉堂金马的“翰林学士”呢,结果满满的希望却落了空,心下郁郁不乐,写诗道:“三年春梦玉堂空。”

袁枚被派到江苏溧水去当知县,在现在的南京附近,他“敏而能断”,颇有政绩,想必也不是别人粉饰。纵观袁枚在诗文笔记中留下的种种思想,就会觉察到,袁枚处事,既宽容,又理性,深谋远虑,体贴民情,如果当官的话,绝对是一个不扰民不害民的好官。

比如袁枚曾在《子不语》一书里,非常赞同对妓女宽容对待的做法,他说:“中丞抚苏时,苏州多娼妓,中丞但有劝戒,从无禁捉。语属吏曰:‘世间之有娼优,犹世间之有僧尼也。僧尼欺人以求食,娼妓媚人以求食,皆非先王法……然饥寒怨旷之民作何安置?今之虐娼优者……徒为胥吏生财。不揣其本而齐其末,吾不为也。’”

意思是说没有解决贫富悬殊的社会问题,只是让衙役严格“扫黄打非”,其实并不能解决问题,只是给这些酷吏们多了一条“罚款”的生财之道罢了。

袁枚执政时,有一个富家小姐和一个姓陈的后生私通,被拿获后交给官府,当时是六月天,这个小姐跪在烈日之下,汗泪交加,样子很惨。而她的祖母认为她玷辱家门,坚持要判她和奸夫死刑。袁枚怜香惜玉,于心不忍,只是把姓陈的男人打了一顿板子,就放了。还再三叮嘱其家人,“律设大法,礼顺人情”,不要再为难这个女子。

据说袁枚的父亲曾经偷偷暗访过,找溧水县的父老乡亲们悄悄一打听,结果都是夸他儿子的,说:“吾邑有少年袁知县,乃大好官也!”由此可见,袁枚可谓“为官一任,造福一方”。

当时官吏是四年一任期,期满后,袁枚又调任江宁县的知县,此地也在南京附近,当时的两江总督尹继善对袁枚很是欣赏,曾经举荐他做高邮的知州。但吏部可能觉得袁枚年纪这样轻就升这么大的官不合适,没有批准。结果袁枚“一言不合就辞官”,干脆就弃印辞官——老子不干了!

这一年,袁枚才三十三岁!比韦小宝“告老还乡”的岁数也大不了多少。

然后,袁枚就买下了曹雪芹爷爷(江宁织造曹寅)当年建造的花园,此时曹家破败已久,此花园后来为继任的隋赫德所得,名为“隋园”。而袁枚买下后,改名为“随园”,意思是就势取景,高处建楼,低处挖湖,夹涧处架桥,不强加以人力,一切随天然之景而设。

袁枚曾说,如果我当着官,可能一个月只能在这里住一晚上,如果我不当官,就天天住在这里,所以,还是不当官了吧!——“舍官而取园者也”。

此后,除了短暂的离开外,袁枚就一直在这个随园里,度过了悠闲自在的五十多年。

当官,尤其是当县令这一级小官,实在有很多的无奈和委屈,我在《明才子》书中曾说过,袁宏道曾经说做县官“遇上官则奴,候过客则妓……一日之间,百暖百寒,乍阴乍阳,人间恶趣,令一身尝尽矣”,袁枚也发牢骚道“不过台参耳,迎送耳,为大官做奴耳”。所以说,袁枚辞去官职,落得一身轻松。

朋友钱宝意作诗颂赞他:“过江不愧真名士,退院其如未老僧。领取十年卿相后,幅巾野服始相应。”袁枚亦作一副对联自嘲:“不做高官,非无福命只缘懒;难成仙佛,爱读诗书又恋花。”

袁枚口中所说的理由是“只缘懒”,其实想懒下来的人多了,也要有条件、有机会才行啊。“世界这么大,我想去看看”的愿望谁都有,谁愿意费心思阿谀上司侍候老板啊,谁不愿意买个花园住进去逍遥自在啊,但事实往往是“钱包那么小,谁也走不了”,你一走了之,你的生活花费怎么办?

但令人奇怪的是,袁枚并非是和陶渊明一样隐居田间,当起了“苦行僧”。他将随园收拾得清幽秀丽,整天食不厌精,脍不厌细(有让人垂涎三尺的《随园食单》为证),而且老婆娶得比韦小宝还多,“美人下陈,殆不止金钗十二”,计有妻子王氏,侍妾陶姬、聪娘、陆姬、金姬、钟姬、吴七姑、周姬等一大群女子。再加上他的母亲要奉养(直到他六十多岁时才去世),家中肯定还有仆婢等下人,大约有几十口人要养活,袁枚哪里来的这么多银钱呢?

袁枚还出了名的仗义疏财,朋友程鱼门曾借了他五千两银子,当程病故后,袁枚见他的家境已是十分贫穷,就当场烧了借据。五千两银子啊,我们看《红楼梦》中的孙绍祖,送了贾赦五千两银子,赔给他一个大姑娘贾迎春,他还气愤不平呢。而袁枚就这么轻描淡写地把这笔账抹去了,实在是财大气粗,土豪手笔。

袁枚还在随园建有一室名“玻璃世界”,室内窗户上均镶有五色玻璃,光怪陆离,色彩斑斓。另有一室,全以白色玻璃镶嵌,名“水精域”。当时中国不产玻璃,只能从西方进口,故而价格十分高昂,紫禁城中只有皇帝所居住的地方才装有玻璃。扬州盐商富甲天下,其园林中,也只有何园才有法国进口的玻璃。袁枚还有一室,名“金石藏”,专门收藏他所收集的周鼎汉瓦六朝砖等文物,藏品极其富有。至于他所收藏的书画、图章、法帖等各类文物古董,更是琳琅满目了。

我们不免会有这样一个疑问,袁枚究竟哪里来的这么多钱呢?

有人说，袁枚是靠写文章赚的，当时有很多人花重金让袁枚写墓志铭、碑传之类的文章。虽然写这类文章，收来的润笔也很可观，但要想维持这样一大家子人的生活还是有困难的。而且，这些墓志也是陆陆续续写的，尤其到了袁枚晚年，名气很大时，“稿酬”才会非常可观。有人举过一个例子，说有一个安姓的富豪，刻了一部书，以两千两白银的价格请袁枚题跋。袁枚仅书“乾隆五十七年某月某日随园袁某印可，时年七十有七”，共计二十二字给他，就交差了，可谓是一字百金。但这是在袁枚七十七岁时，成为德高望重的名士耆宿之后，就像现在你请金庸先生做个活动，来个代言，花钱少了也请不动，但不能说他就是靠这个发财的。

又有人说，袁枚收了不少女弟子，其中交的学费，也是一笔不菲的收入。但这都是袁枚晚年的事情了，那为什么三十三岁的袁枚就有那么足的底气，买下一个幽美富丽的园子，立志归隐了呢？

袁枚是一个清官，虽说有“三年清知府，十万雪花银”之说，但说的是知府，袁枚当了几届县令，并非肥缺，怎么会有这么多的钱财？他虽然有诗“解好长卿色，亦营陶朱财”，但并没有资料说他在做什么大买卖，凭什么他就能富得流油呢？

细读“小莽苍苍斋”藏清代学者书札，其中袁枚写给汪大榀的信中，有给汪父写墓志铭的详情。其中汪大榀提到不想把其父“爱游山水”“做过幕僚”之类的事情写上，但袁枚却据理力争，辩驳了一番。从“蒙惠多珍”一词，看出来也是收了钱了，但更让我产生疑窦的是，袁枚又说了这样几句话：“汉玉二件存尊处，希得一总出脱为佳。”这两件古董汉玉，托汪大榀代为出售，我突然产生了一个大胆猜测，袁枚是不是有很多这样的古董宝贝呢？他会不会是在江宁任县令期间，有一个机会发现了当年前明遗留下来的宝藏呢？

这个“脑洞大开”的想法一出现，竟然觉得越想越合理。袁枚年纪轻轻就辞了官,放着大好前程不走,理由只是“我懒了”,这样的说法实在是说不过去的。要是仕途几十年,积累下很多财富,归家买园子养老也就罢了。袁枚这种“提前退休”的做法,非常罕见,纵观历朝历代也难找出第二个来。

有非常之人,必有非常之事。所以我猜想,聪明的袁枚可能在某个机缘中,发现了一个南明小朝廷(当年就在南京)逃难时埋藏的宝藏,其中金银财宝、珍珠玛瑙无数,于是闷声发了一笔大财,就此萌生了退意,所以才买园子享福去了。

但是,即便有这一档子事,像袁枚这样机智的人,也不会说给别人知道,可能就连他的枕边人,他的妻妾也不见得告诉,我们这些后辈就更无从知晓了。但这个推断,看似大胆无理,却也是有可能发生的,也恰恰是能完美地解释袁枚放弃仕途,后半生一直归隐的动机的。

《随园食单》传古今

袁枚此后的五十年,基本上都是用来吃喝玩乐了,他的“性灵论”在文坛上很有名气,但此处不想再多谈那些专家们吵来吵去的文艺理论。还是先说一下“食色,性也”的事情吧。

袁枚自己曾说过,他不爱听音乐,也不爱喝酒,不信佛,不信风水,不赌博——“不嗜音,不举觞,不览佛书,不求仙方;不知《青鸟经》(风水书)几卷,不知樗蒲(赌具)齿几行。”

那他喜欢什么呢?是这几样“好味、好色、好葺屋、好游、好友、好花竹泉石”。其中,食和色,是放在首位的。

袁枚是这样说的,也是这样做的。从《随园食单》中,就可以看出他不仅好吃,嗜吃,而且懂吃,会吃,堪称是一个美食家。

作为专业的吃货,袁枚用四十年亲尝亲做的经历写下了《随园食单》，金庸小说中有个薛神医，见别人有武功绝技就想学来，而袁枚是吃到一道美味可口的饭菜，就花钱买下“专利”，让自己的厨子去学。

袁枚主张烹调须“同类相配”，“要使清者配清，浓者配浓，柔者配柔，刚者配刚，方有和合之妙”。确实如此，清鲜配清鲜，浓卤配浓卤这样才合适，比如虾仁炒芹菜，猪肉炖茄子，而如果是虾仁炒茄子，猪肉炖芹菜，不知道有没有人爱吃？

这本书中，袁枚深有体会地写道，“豆腐煮得好，远胜燕窝；海菜若烧得不好，不如竹笋”，并且讲了很多火候、佐料、食材搭配的窍门，看来做菜也犹如用兵，“运用之妙，存乎一心”。

这本《随园食单》记载了326种菜肴和点心，自山珍海味到小菜粥饭，再到美酒茗茶，品种繁多，堪称一部缩微版的中国饮食百科全书，将当时江浙人生活中各种类型的饮食几乎网罗殆尽。每一单罗列的品种也十分可观，例如《特牲单》就介绍了三十余种菜肴，涉及猪、牛、羊、鹿、獐、果子狸等牲畜与动物的许多烹饪方法；《点心单》介绍了面、饼、饺、馄饨、合子、馒头、面茶、粽子、汤团、糕、豆粥等五十余种点心的做法。不仅能让我们了解当年的饮食习惯，而且在今天也有借鉴作用。

比如袁枚发明的“混套”这一对鸡蛋的吃法，我觉得有机会不妨试一下：

> 将鸡蛋外壳微敲一小洞，将清黄倒出，去黄用清，加浓鸡卤煨就者拌入，用箸打良久，使之融化，仍装入蛋壳中，上用纸封好，饭锅蒸熟，剥去外壳，仍浑然一鸡卵，此味极鲜。

意思是在鸡蛋壳上凿一小洞，将蛋液取出，和浓鸡卤汁混合，拌好后，仍灌入蛋壳，用纸封好，蒸熟而食。当我把这个做法推荐给朋友时，她却说蛋清取出容易，灌进去难啊！也是，这袁枚先生也没讲怎么灌进去，不过不要紧，我们有现代化的工具，买个大号注射器不就成了？

近来见网上有人把这本书中的菜名编成歌来唱，倒是非常动听：

黄芽菜，煨鲜菱，嫩笋拌香芹。慢火老芋羹，清醋脆菜心。

杨花草，马兰头，柳荠一起青。山蕨捡矮嫩，野蘑焖面筋。

虾油熬，鱼子熏，琥珀衬黄金。蝴蝶萝卜片，芝麻腌芥零。

石花糕，小松菌，海蜇甜酒浸。苏州鱼子虾，金陵锅巴云。

飞面酥皮人间月，点糕胭脂桃花红。
洋糖拌粉枕上雪，芝麻糖屑糯沙融。
十景点心广陵散，甜饺纤巧美人弄。
糖椮霜打风枵片，箬叶香腻洪府粽。
……

在这之前，虽然李渔等人也有过类似记述，但远不如袁枚记叙得周详。而且在书中，袁枚特别说了几件关于饮食的事情，也都是很让我赞同的，比如：

戒强让：治具宴客，礼也。然一肴既上，理直凭客举箸，精肥整碎，各有所好，听从客便，方是道理，何必强让之？常见主人以箸夹取，堆置客前，污盘没碗，令人生厌。须知客非无手无目之人，又非儿童、新妇，怕羞忍饿，何必以村妪小家子之见解待之？其慢客也至矣！近日倡家，尤多此种恶习，以箸取菜，硬入人口，有类强奸，殊为可恶。

袁枚说，请客时不要强让，现在也有这样的情况，主人热情是热情，但替客人夹很多菜放在碟内，也不知人家是爱吃肥的还是瘦的，荤的还是素的，就硬让给人家，其实倒让人家为难。袁枚认为这样是“污盘没碗，令人生厌”。

再者，袁枚说：

汉请满人，满请汉人，各用所长之菜，转觉入口新鲜，不失邯郸故步。今人忘其本分，而要格外讨好。汉请满人用满菜，满请汉人用汉菜，反致依样葫芦，有名无实，画虎不成反类犬矣。

确实，现在还有人执这样的观点，以为招待东北人，就要东北菜，四川朋友来了就要去川菜馆，不然怕朋友吃不惯。其实客人大老远跑到你这里来，就应该吃你这里最著名的饭菜，这样客人吃得才高兴。就算是不甚合口味，也总算是见识了一番吧，比吃山寨版的家乡菜也要强。

这《随园食单》实在是越看越馋，我倒是想建议开酒楼的朋友，照着这本书上的菜名，挑选出来，开列一桌宴席，绝对很有卖点的。

爱宿花为蝴蝶梦

袁枚是个多情好色之人,也从来不避讳。这一点前面说过,他娶的大小老婆比韦小宝还多。二十四岁,考中了进士后,娶了正妻王氏,但王氏一直没有生育,他于是就娶了侍妾陶姬。当时袁枚二十九岁,陶姬比他小一半,才十四岁,生得仙骨珊珊,不类尘俗。

这位陶姬聪明灵秀,是袁枚姬妾中唯一擅诗者,曾有"惟有学吟人爱静,小楼坐看月高升""行过小桥池水活,梅花对我一枝开"等句,都清新可喜,卓尔不凡。但她给袁枚生了个女儿后,二十五岁就亡故了。痛惜之余,袁枚觉得"佳人工著作,是断不能永年"的,于是后来就娶色不娶才,坚决不娶会写诗的美女了。

袁枚三十三岁,娶了二十五岁的方聪娘。方聪娘本为富户唐静涵家的侍婢。这唐静涵热情好客,当时袁枚经常住在他家,就瞧上这个聪娘了。老唐也够朋友,就把聪娘送给袁枚。袁枚大喜,为她写诗道"一枝花对足风流,何事人间万户侯",表达了"不爱功名爱美人"之志。

但聪娘也一直没有生育,于是袁枚有了借口,又娶了十九岁的陆姬。但陆姬生的儿子,先天不足,仅半天就夭折了,袁枚感叹道:"半日为人父"。

悲伤之后,袁枚又有了理直气壮的纳妾理由,于是四十五岁的袁枚又娶了年仅二十岁的金姬。但金姬的肚皮一直没动静,后来六十二岁的袁枚娶了十九岁的钟姬后,终于生下了一个儿子,袁枚大喜过望,取名为袁迟。

但好色的袁枚,没有就此停手,据记载,八十岁时他还娶了一周姓女子。所以说,用妻妾成群来形容袁枚,绝对名副其实。

前面说过，袁枚对妓女十分宽容同情，当然也不时和欢场女子们“勾勾搭搭”，袁枚有一枚私印，叫作“钱塘苏小是乡亲”。有一次，有某尚书大人路过南京，索要袁枚文集，他随手盖上了这个图章，这位道貌岸然的大人，板起脸来训斥袁枚，袁枚一开始不和他计较，就逊谢了几句，但这家伙“得理不饶人”，竟然训起来没完没了，于是袁枚也怒了，回话道：“你觉得你现在官居一品，苏小小是个轻贱的妓女，但百年之后，人们但知有苏小小，并不知道你老人家是哪号人物！”所以后来袁枚说过一句话：“伪名儒不如真名妓！”

执这样一种态度，袁枚当年也对妓女们多有亲近。这些青楼女子们也不嫌袁枚太老，向他“以扇索诗”的名妓大有人在。袁枚六十大寿时，还想着集名妓百人，一起为他祝寿。但因为条件所限，“理想很丰满，现实很骨感”，实际上只来了五位名妓。

她们有事情，袁枚也是积极援手。有一位叫金蕊仙的苏州妓女不知道为何犯了事，当地太守叫孔南溪，是位铁面铁腕的人物——“风骨冷峭，权贵不敢以情干”，花钱也捞不出人，于是托人求袁枚说情。其实袁枚和金蕊仙只有“半面之缘”，并没有太多瓜葛，但出于护花之心，还是写信给她求情，而且若不装成和她很亲狎，也就没有说情的理由了，于是着意写了一封十分恳切的信，什么“只念此小妮子，蕉叶有心，虽知卷雨；而杨枝无力，只好随风。偶茵溷之误投，遂穷民而无告”，又夸了一番孔太守是“宣圣（孔子）复生”，在袁枚的情面和言辞说动下，这个金蕊仙摆脱了一场劫难。此外，还有老妓戴三等人，也是在袁枚的诗文书信解劝下，免除了荷枷示众的苦刑。

袁枚亲近女色的行为，当然也有很多人非议，但他振振有词地辩解道：

> 昔李西平，郡将也，而营妓自随；白太傅，司马也，而商妇

度曲。颇逾规矩，难律官箴；乃其人皆功在山河，名香竹素。枚自莅官以来，未尝一刻忘简书，不肯一言枉讥刺；待至五花判毕，四郊雨甘，乃敢弹筝酒歌，掎裳坐月。爱鄂君而流连翠被，赋《洛神》而惆怅惊鸿，事有甚于画眉，盗非同于掩耳。盖以为靖节《闲情》，何瑕白璧；东山女妓，即是苍生，连无伤，小德出入可耳。不图阁内之悍妻见赦，闺中之妒妾包容；而转蒙大府搜牢，长官狙伺，嘻，过矣！夫采兰赠芍，不见削于宣尼；闭阁尊经，翻自附于新莽。余中请禁探花，而以赃败；傅玄善言儿女，而以直闻。张翰有《小史》之诗，高风岳峻；卢杞无侍儿之奉，丑迹风驰。杲卿忠臣，征求花粉；辅国逆竖，静学沙门。古来君子之非，贤于小人之是。（袁枚《小仓山房外集》）

上面举了很多好色的人，对社会对国家有益有功的例子，像唐代名将李晟、诗人白居易、名相谢安等，而一些摒绝色欲的人物，却是大奸大恶，如杨雄投靠王莽，大节有亏，而卢杞、李辅国都是有名的大奸臣，他们虽不好色，但做的事却祸国殃民。

其实，近代我们熟悉的例子也有，比如希特勒不抽烟、不喝酒、不好色，而丘吉尔、罗斯福等却嗜酒、嗜烟，拥有多个情妇。抗日爱国的张学良将军风流韵事数不胜数，曾自诩“平生无憾事，唯一爱女人”，而汪精卫不贪不抽不嫖不赌不好色，却做了大汉奸。

袁枚在他的《子不语》等著作中，也竭力批驳了“万恶淫为首”的说法，他在一则故事中说，阴司中对一个有“淫行”的女子，判罚结果居然是“托生山西贵人家为公子”，因为这个女子非常孝顺。判官解释“自周公制礼后，才有妇人从一而终之说”，所以只要没有“因淫而酿成人命”，阴司就不会严厉追究的。

顺便说一下，袁枚不仅好女色，还好男色。他曾经和郑板桥探讨过，如果对美男打板子时，把他们雪白浑圆的屁股打得稀烂，很是于心不忍，不如改为笞背。另外，袁枚还津津有味地记载了很多"男同"故事，比如"双花庙"之类，说是有两个美少年相恋相悦，被恶人逼迫强奸时不从被杀，当地人为了纪念他们建了一个庙。然而邑令刘大胡子来了后，强令拆除，结果他晚上就做了噩梦，这两个美少年来揪他胡子，责问他种种贪赃枉法、屈死人命的事件，后来这个刘大胡子很快就遭到了报应，事发被处了绞刑。

此外，还有种种此类让"腐女"们兴奋的故事，请自行到袁枚书中找吧。袁枚自己也"身体力行"，晚年收了一个美男子当弟子，叫刘霞裳，他公然称："余弟子刘霞裳有仲荣(即石苞)之姣，每游山，必载与俱。"从现在发现的袁枚日记中，也可以印证，袁枚确是经常让这个美少年陪他左右的。

当然，后来他收下一大群莺莺燕燕的随园女弟子，也是被当时人讥为"好色"的行为之一。这些女弟子，出身不一，有官宦家的妻女，如席佩兰，其夫孙原湘为乾隆举人、嘉靖进士；张绚霄、周月尊皆为尚书毕沅之妾，毕慧乃毕沅之女；钱浣青，尚书钱维城之女，嫁道员崔见龙；孙云凤（嫁诸生程庭懋)、孙云鹤（嫁县丞金玮)姊妹，为四州按察使孙嘉乐之女……也有普通人家和贫家女子，如戴兰英、汪玉轸等，可谓有教无类，这在中国文学史上是非常罕见的一个"壮举"。要知道，当年的风气，对女子写诗，是多有非议的，在"女子无才便是德""女子不宜为诗"等观念影响下，很多女子都不敢理直气壮地创作，似乎写了诗，就是"精神出轨"，比如吴江女子徐秀芳，虽早慧喜吟咏，但却认为有悖"妇德"，临死前，把诗稿全部投入炉中，曰："薄命人无留此为后人笑也。"

而袁枚竭力反对这样的说法,他说:“俗称女子不宜为诗,陋哉言乎!圣人以《关雎》《葛覃》《卷耳》冠《三百篇》之首,皆女子之诗。”袁枚搬出孔圣人编的《诗经》中就有女子之诗的例证,来辩驳女子不能写诗的做法。腐儒们不是以“至圣先师”的话为圭臬吗?现在还有什么话说?

在袁枚的教导和众女子的努力下,随园女才子们写出不少的好诗,比如孙云凤写的《晓行》:“残月晓霜钟,马蹄黄叶落。日出不见人,溪声隔烟树。”很有晚唐诗人的韵味,骆绮兰的《对雪》写道:“登楼对雪懒吟诗,闲倚栏杆若有思。莫怪世人容易老,青山也有白头时。”也是新奇有味。

其实说来,袁枚对女性的态度很有现代理念,他极力反对女子裹足。在他撰写的故事中,说缠足的始作俑者李煜,在阴间受到了无尽的刑罚,又说有一个人嫌弃一个李姓姑娘虽然貌美但没裹脚,李姑娘写诗斥道:“三寸弓鞋自古无,观音大士赤双趺。不知裹足从何起?起自人间贱丈夫!”

另外更为难得的是,袁枚还不计较女子是否处女。他举例说卓文君就不是处女,却是千古佳话;那些认为“非处”不洁的人,难道不知道“八珍具而厨者先尝,大厦成而匠人先坐”吗?

对于袁枚这些藐视礼教传统的做法,惊世骇俗的言论,当时的人也纷纷跳出来痛加指责,有人骂道:“袁既以淫女狡童之性灵为宗,专法香山、诚斋之病,误以鄙俚浅滑为自然,尖酸佻巧为聪明,谐谑游戏为风趣,粗恶颓放为豪雄,轻薄卑靡为天真,淫秽浪荡为艳情,倡魔道妖言,以溃诗教之防……”

然而,事实证明,袁枚这些理念才是符合现代文明社会的,在清代那个黑暗蒙昧的时代,袁枚的思想可谓是划破夜空的一道亮光。所以在袁枚死后,也有不少人来攻讦诟病,更有弟子当了叛徒,有人记载道:“袁之门生某,尝刻私印曰‘随园门下士’。后受舆论攻击,乃复刻印曰‘悔作随园门下士’。”然而,此行无损袁枚,反而映照出这些人的丑陋。

我不觅诗诗觅我

当然,正像如果洪七公只是个嘴馋的老乞丐,周伯通只是个喜欢玩幼儿园小朋友玩具的老疯子,他们绝对不会得到仰视和尊重。袁枚也是这样,他不仅是个贪食好色的随园老人,而且是清代文坛矫矫而立的一代文豪。

一般的诗词爱好者和中小学生读诗时,唐宋居多,明清偏少,但袁枚的诗却在各种选本中都不会遗落,像他的《所见》“牧童骑黄牛,歌声振林樾。意欲捕鸣蝉,忽然闭口立”,等等,都是我们非常熟悉的。

袁枚诗作讲究“性灵”,讲究有感而发,而不是刻板地模拟古人,用一些无聊的话“生填”,而且不主张过于粉饰和雕琢。他在《随园诗话》里有一段话,可以说是讲出了我心里的话:“诗不可不改,不可多改。不改则心浮,多改则机窒。”他举了一个例子,有个叫方扶南的人写《周瑜墓》诗,其中一联说:“大帝君臣同骨肉,小乔夫婿是英雄。”已经是相当不错了,但后来竟改为:“大帝誓师江水绿,小乔卸甲晚妆红。”其实已经不如前者,晚年又改为:“小乔妆罢胭脂湿,大帝谋成翡翠通。”简直不成话了!

这点我深有体会,尤其是为一些部门撰稿时,往往被要求反复修改,其实并非改得越多,文章就越好,最后往往给改得支离破碎、气韵全无了。

袁枚的诗,不仅仅在文辞上取胜,立意往往也不俗,比如《马嵬》一诗写：

莫唱当年长恨歌，人间亦自有银河。
石壕村里夫妻别，泪比长生殿上多。

此诗揭示出这样一个事实：黎民百姓的苦难，其实倒少有人关注，不值得过于同情的皇帝后妃的所谓“悲剧”，倒赚尽人们的眼泪。

又有类似于“养鸡纵鸡食，鸡肥乃烹之。主人计固佳，不可与鸡知”之类寓意深刻、发人深省的诗句，都是诗坛宝库中的珍品。

当然袁枚生性风流，也有类似这样充满闺房之情趣的诗作，如：

寒夜读书忘却眠，锦衾香烬炉无烟。
美人含怒夺灯去，问郎知是几更天。

这让我想起那部叫《撒娇女人最好命》的电影，女主角看男主角一直看手机，就娇滴滴地说：“这房间里，就没有比手机更好玩的东西吗？”相比之下，古代美人倒更霸悍。

袁枚不单是诗句出色，他的文章尺牍也非常有名。像怀念三妹袁机的《祭妹文》，现在被选入教材中，这篇文字，虽然辞藻上并不华丽多姿，但细细读来，却觉字字深情。文中记述了当年兄妹一起捉蟋蟀，一起在书斋里读书等童年趣事，事情虽小，作者却深深记得——“我一日未死，则一日不能忘”。又回忆了前年自己病时，其妹守在他床前说故事给他解闷的情景，还有自己远在他乡，突闻妹妹噩耗的急切悔恨之情——“早知诀汝，则予岂肯远游？即游，亦尚有几许心中言，要汝知闻，共汝筹画也。而今已矣！除吾死外，当无见期。吾又不知何日死，可以见汝;而死后之有知无知,与得见不得见,又卒难明也。”意思是说,要是早知道会和你就此永别,那么我怎么会远游出门呢?即使要远行,也还有多少心里话要让你听到、知道,有多少事还想和你商量一下啊!可是现在一切都晚了!除了我也死了外,将没有再相见的日子。我又不知哪一天死,可以见到你,并且死后有没有知觉,能不能和你相见,也终究难以明确。读到这里,我觉得绝大多数人都会心痛鼻酸的。

最后袁枚又饱含深情地对着其妹诉说种种后事,他痛彻心扉地说:“身前既不可想,身后又不可知;哭汝既不闻汝言,奠汝又不见汝食。纸灰飞扬,朔风野大,阿兄归矣,犹屡屡回头望汝也。”——你身前的事既已不堪回首,你身后的事又不能知道,哭你也听不到你的答话了,祭奠你也见不到你享用,纸灰飞扬,北风猛烈。你哥哥要回去了,还屡屡回头望你。然后,文字戛然而止,再无半句废文冗词。

历来祭文,虚华者多,真诚者少。《红楼梦》中曾提过:“亦必须洒泪泣血,一字一咽,一句一啼,宁使文不足悲有余,万不可尚文藻而反失悲戚。”袁枚这篇祭文可谓是“真情实意,溢出言辞”了。

此外,袁枚留给我们的精神食粮还有那部特好玩的《子不语》。何为子不语?子不语者,怪力乱神也。也就是说孔子不说鬼怪的事,淫乱的事,而“禁忌是最好的春药”,越是“正能量”不说的事,人们有时越感兴趣,于是袁枚这本书中就专门写这一类的故事。

说起来,《子不语》中的故事和《聊斋志异》故事有点类似,但基本上没有太多的狐鬼和人的浪漫爱情,主打是怪异惊悚,比如这一则故事:

杭州朱某,以发冢起家,聚其徒六七人,每深夜昏黑,便持锄四出……掘三四尺,得大石椁,长阔异常,与其党六七人共扛之,莫能起。相传净寺僧有能持飞杵咒者,诵咒百余,棺椁自开,乃共迎僧,许以得财朋分。僧亦妖匪,闻言踊跃而往。诵咒百声,石椁豁然开。中伸一青臂出,长丈许,僧入椁,裂而食之,血肉狼藉,骨坠地有声。朱与群党惊奔四散。次日往视井,井不见。然净寺竟失一僧,皆知为朱唤去。徒众控官,朱以讼事破家,自缢于狱。

朱尝言所见棺中僵尸不一,有紫僵、白僵、绿僵、毛僵之类。最奇者在六和塔西边掘坟,有圈门石户,广数丈,中有铁索悬金饰朱棺,斧之,乃犀皮所为,非木也。中一尸冕旒如王者,白须伟貌,见风悉化为灰。侍卫甲裳似层层茧纸所为,非丝非绢。又一陵中朱棺甚大,非绋索所悬,有四铜人如宦官状,跪而以首承棺,双手捧之,土花青绿,不知何代陵寝。

盗墓、僵尸粽子、铜人、朱棺,活脱脱就是《鬼吹灯》《盗墓笔记》的缩微版啊!

笔者小时候,看过一本叫作《不怕鬼的故事》的连环画,其中像"油瓶烹鬼""鬼穷三技""不上鬼的圈套"等,印象深刻。现在知道,都是取自袁枚这本书中,还有乡下人俞二勇斗恶鬼"丁大哥"(棺材上的一枚铁钉成精)等故事,都是在古代笔记小说中别具一格的。

现在我们大家都熟悉一首叫作《女人是老虎》的歌:"小和尚下山去化斋,老和尚有交代:山下的女人是老虎,遇见了千万要躲开……"实际上这事也是完全出于袁枚的《子不语》一书,原文是这样的:

五台山某禅师收一沙弥,年甫三岁。五台山最高,师徒在山顶修行,从不一下山。后十余年,神师同弟子下山,沙弥见牛马鸡犬,皆不识也,师因指而告之曰:"此牛也,可以耕田;此马也,可以骑;此鸡、犬也,可以报晓,可以守门。”沙弥唯唯。

少顷,一少年女子走过,沙弥惊问:“此又是何物?”师虑其动心,正色告之曰:“此名老虎,人近之者,必遭咬死,尸骨无存。”沙弥唯唯。

晚间上山,师问:“汝今日在山下所见之物,可有心上思想他的否?”曰:“一切物都不想,只想那吃人的老虎,心上总觉舍他不得。”

另外,根据《子不语》中的记载,中国人似乎那时候就发明了“录音机”,因为袁枚提到,有个叫江铁林的人,发明了一种设备:“置一竹筒,中用玻璃为盖,有钥开之。开则向筒说数千言,言毕即闭。传千里内,人开筒侧耳,其音宛在,如面谈也。”

种种新奇好玩的故事,里面应有尽有。当然,《子不语》中也有相当多的少儿不宜的内容,此处就不多说了。

再附带说一下,在清朝文网酷密的严峻形势下,袁枚还是非常大胆的,他竟然在《随园诗话》中写了江阴屠城的惨景:

本朝开国时,江阴城最后降。有女子为兵卒所得,绐之曰:“吾渴甚!幸取饮,可乎?”兵怜而许之。遂赴江死。时城中积尸满岸,秽不可闻。女子啮指血题诗云:“寄语路人休掩鼻,活人不及死人香。”

这要是让吴之荣之类的走狗抓住把柄,性质比用明朝年号什么的更严重得多吧,幸好不知是袁枚人缘好,还是运气好,竟然没有人理会这事。

人生如客耳,有来必有去

袁枚的寿数很长,不过他中年时也经历过一次危机。四十岁那年,他患了“暑疟”,吃了一个吕姓医生开的药后,到晚上就头昏呕吐不止,当时他老母亲尚在,抱着他坐着,袁枚只觉得胸中血气激荡,命在呼吸之间。恰好这时候朋友赵藜村来访,他是个精通医理的人,给袁枚把了脉后说:“这病容易。”让人抓了石膏等药物给袁枚吃了,结果药到病除,晚上袁枚就精神健旺,能走路吃粥了。可见,有个名医做朋友还是很重要的,比和土豪做朋友更管用啊!要是纳兰容若当年也有这样的名医朋友,估计也不会早亡了。而袁枚如果没有这个朋友,也就四十而亡,好多有趣的文字,我们都看不到了。

有个神算子叫胡文炳,曾为袁枚卜过卦,说他六十三岁得子,七十六岁寿终。袁枚一开始半信半疑,孰料六十三时,真的有了唯一的儿子阿迟。欢喜之余,又不得不担心起七十六岁这个坎来。

到了这一年,不知是心理因素还是什么原因,袁枚自己也觉得身体果然是大不如前,于是写诗自挽,并且还催促朋友们来给他“生挽”。要是祝寿诗,朋友们当然不会摇头,这些饱学之士写点诗,就如韦小宝推牌九,乃是家常便饭。但对一个“活人”写挽诗,还真不好意思下笔。袁枚见别人不配合,于是写了《见诸公挽章不至,口号四首催之》:

久住人间去已迟,行期将近自家知。
老夫未肯空归去,处处敲门索挽诗。

也正是因为这样“大闹”,弄得连身在远方的郑板桥都知道了,白白先大哭了一场。

然而,七十六岁这一年中,袁枚一直没死,到除夕这天,袁枚越发紧张起来,早早地嘱咐好后事,然后忐忑不安地等待死亡来临,走一步路怕跌死,喝口水怕呛死。结果守到第二天天亮,居然啥事也没有,袁枚可乐坏了,写诗笑称:“如何竟失阎罗信,唱杀阳关马不行。”

我想,要是按迷信的说法,可能是袁枚积德行善,做了不少好事,才让阎罗给他增添了六年阳寿吧。

六年之后,八十二岁的袁枚病重,这回真的要死了。临死前,他把过继的义子阿通和刚刚十九岁的阿迟叫来床榻前吩咐后事:“随园是我从一片荒地,改造经营来的,奇峰怪石,重价购来;绿竹万竿,亲手栽植……你们俩人要好好经营,洒扫修葺,使这个园子光鲜如故,宾客来访,还和现在一样。这样维持三十年,就足够了,再以后,会怎么样,我不知道了,你们有可能也不见得能知道了。”

的确如此,随园在袁枚死后,只存在了五十年。太平天国的兵马来到南京时,随园全部被毁,荡然无存。

袁枚又吩咐不要大办丧事,说:“只择我生平相好三四人,开吊两日足矣……但题一碣云‘清故袁随园先生之墓’,千秋万世必有知我者。”

在生命的最后,袁枚还露出他幽默狂放、不拘礼法的一面,他吩咐说:

> 至于诵经、念忏、做七、营斋,我生平所最厌者。汝可告诸姊妹:来祭我一场,我必享受;哭我一场,我必悲感。倘和尚到门,木鱼一响,我之魂必掩耳而逃矣,于汝安乎?

那些和尚道士们来念经招魂,是我最讨厌的事,还不如让我平生结识的那些青楼女子们来祭我一场，哭我一番，要是和尚们一来，木鱼一响，我的魂魄也会捂住耳朵逃跑啊！

这就是袁枚，通脱疏俊的袁枚，一生真性情，实在可爱！

竹节石骨郑板桥

“四时不谢之兰，百节长青之竹，万古不败之石，千秋不变之人”，这就是清代最为奇崛狂放的才子郑板桥。他一生清风两袖、傲骨铮铮，正如他画中的瘦竹怪石，磊磊朗朗，令人肃然起敬。这样的人物，在清代应该说是很少见的。

金圣叹虽然狂诞，但古怪有余，骨气不足；袁枚固然多才，但油滑有余，傲气不足；蒲松龄笔下刺贪刺虐，十分淋漓，但为人却徇徇一寒儒耳。他们不会像郑板桥一样狂呼“焚砚烧书，椎琴裂画，毁尽文章抹尽名”，所以他们也没有“掀天揭地之文，震电惊雷之字，呵神骂鬼之谈，无古无今之画”。

食禄千万钟，不如饼在手

郑板桥于康熙三十二年（1693）出生在距扬州百里之遥的江苏兴化县。他家境并不宽裕，父亲郑之本只是个私塾先生。郑板桥，本名郑燮，字克柔，这是取自《尚书》中的话“燮友柔克”。话说这《尚书》和《周易》是古人取名字的一个词库，好多人的名字还有朝代的年号，追根溯源，都取自这两本书。甚至连日本天皇裕仁的“昭和”两字也是出自《尚书》中的“百姓昭明，协和万邦”。

之所以多数人只知道他叫郑板桥，是因为他常自称“板桥郑燮”，这是因为郑氏家族迁到兴化后繁衍为三支:“铁郑”“糖郑”和“板桥郑”。因为他们这一支居住在古板桥附近,所以得名。

郑板桥的母亲是名儒汪翊文的独生女,生得“端严聪慧”,也是个知书达礼的才女。只可惜的是,还没有来得及把诗书文墨上的事情教给自己的爱子,这位汪氏就青春早逝了。这时候,郑板桥刚刚三岁。“三岁没娘,五更离床”,都是人生中最经典的痛苦事件。好在郑板桥有一位乳母费氏,给予他精心的照顾和慈母般的温暖。

这位费氏,原来是板桥奶奶身边的丫鬟。她每天早上去买菜时,就背起郑板桥到街上,第一件事,就是给小板桥买一张热乎乎的饼吃。当然,有时买到新鲜瓜果,也是先让小板桥尝尝。后来因为郑家太穷,日子过不下去了,于是费氏的丈夫坚决要离开。费氏虽然不舍,但旧时候,女子都要听丈夫的,她也没有办法。临别时,她把郑家的衣裳都浆洗缝补好,又买来数十束干柴放在厨房。可能她是怕小板桥纠缠不舍,所以没有告别就悄然离开了。这天,郑板桥起来后,只觉得屋里一下子仿佛变得空空荡荡的,又发现炉灶还有余温,锅里有一碗饭,一碗菜,这是乳母给他做的最后一次早饭!板桥痛哭呜咽,食不下咽。

后来郑板桥高中了进士,还是挂念着幼年时照顾过他的乳母,曾写诗道:“食禄千万钟,不如饼在手。”童年时那张香喷喷热乎乎的饼,是终生幸福的回忆。

因为有过这样的经历,郑板桥对待奴仆下人格外尊重。他发达之后,检视出不少原来家奴们立下的卖身契券,寻思万一有后世的不肖子孙“借为口实”,再去向他们逼迫勒索,岂非不妙?于是一把火烧掉了。以后新来的仆妇,也从不立契券之类,而是采取“合则留,不合则去”的人性化管理方式。

更为可贵的是,郑板桥还充分考虑到奴仆们的自尊心,他五十二岁晚年得子,对儿子疼爱之余,也不忘照顾到奴仆们的心理。他说,家人奴仆的儿女，也是“天地间一般人，当一般爱惜”，不能让自己的儿子欺负凌虐他们，分发果饼等好吃的东西时，也要均匀分配，大家都高兴才好，不能让儿子自己吃，他们眼巴巴地看着，那样孩子们委屈，他们的父母更是伤心。

康熙秀才、雍正举人、乾隆进士

郑板桥的画上，有时钤一个“康熙秀才、雍正举人、乾隆进士”的闲章，应该说是概括了他的科举之路。

康熙五十五年(1716)，二十四岁的郑板桥考中了秀才，当时他的父亲在真州当教书先生，见到郑板桥也有了授馆的资格，于是就回家养老，将这个职位让给了他。

但郑板桥生性倔强，不甘平凡，可不愿意像蒲松龄一样一辈子枯守教馆，当个“天地玄黄喊一年”的私塾先生。他愤然写道：“教馆本来是下流，傍人门户度春秋。”没过多久，他就主动辞职不干了。

但辞馆之后，郑板桥丧失了经济来源，日子过得捉襟见肘，十分拮据。于是他只好离开了兴化县，来到经济繁荣发达的大城市扬州找机会。好在这时候郑板桥已经练就一笔好字，在绘画方面也卓有成就，于是就开始了“十载扬州作画师”的历程。不过，大家要注意，郑板桥一生，两度在扬州卖画，年轻时的他卖画时，并不为时人所看重，郑板桥这时过得依旧非常困顿。所以后来他名声大振后，再度来扬州时，自己刻了一枚叫作“二十年前旧板桥”的闲章，其中暗含讽刺，对扬州富商们前倨后恭的丑态大为不满。

一面卖画得钱，糊口度日，另一方面还是加紧“复习功课”，想再度参加科举考试。雍正三年(1725)，郑板桥进京求职，结果一无所获。他气愤之余，写下一首名为《沁园春·恨》的词：

> 花亦无知，月亦无聊，酒亦无灵。把夭桃斫断，煞他风景；鹦哥煮熟，佐我杯羹。焚砚烧书，椎琴裂画，毁尽文章抹尽名。荥阳郑，有慕歌家世，乞食风情。　　单寒骨相难更，笑席帽青衫太瘦生。看蓬门秋草，年年破巷，疏窗细雨，夜夜孤灯。难道天公，还箝恨口，不许长吁一两声？癫狂甚，取乌丝百幅，细写凄清。

由词风可以看出，郑板桥胸中块垒不平之气，喷薄而出，一点也不掩饰，这一点不像清代那些唯唯诺诺的人。

此时的郑板桥日子过得相当艰难，有诗为证："琐事贫家日万端，破裘虽补不禁寒。瓶中白水供先祀，窗外梅花当早餐。"所以郑板桥发泄完胸中怨气后，还是安心、耐心、精心地准备了科举考试。以他的聪明智慧，当然懂得怎么样来对付考试。于是又准备了几年，四十岁的郑板桥终于在南京乡试中高中举人。在清代，中了举人，就等于打开了通向仕途的大门，看范进中举后那个高兴劲儿就知道了。然而，欢喜之中也有辛酸，因为郑板桥的父母妻儿在此之前都相继病逝，他折得蟾桂的喜讯谁来分享呢？正像现在一首歌中唱的那样："没人分享，再多的成就都不圆满。"落寞之余，郑板桥提笔写下："何处宁亲惟哭墓，无人对镜懒窥帷。"

当然，举人还不是功名的终点，郑板桥又向进士发起了冲刺。他为了安心备考，来到了长江中的镇江焦山的别峰庵。这里北面半山，坐东朝西，俯视大江，风景清幽。在这里，郑板桥曾题下著名的一个对联——"室雅何须大，花香不在多"。不过，此时郑板桥的心境，还是相当平和的，他在写给弟弟的信中说：

> 再化一二年面壁之功，以待下届入场鏖战，倘侥幸夺得

锦标，乃祖宗之积德；仍不幸而名落孙山，乃愚兄之薄福，当舍弃文艺，专工绘事，亦可名利兼收也。

也就是说，如果考中了进士，固然是谢天谢地，感谢祖上有德的事；但如果考不中，也是我自己的福气，因为我可以专心从事绘画事业了，也可以有名有利，洒脱自在。

一番自我“封闭式训练”后，抱着“一颗红心，两种准备”的良好心态，郑板桥于乾隆元年二月的京城会试中，一举考中了二甲第八十八名，所以有了“乾隆进士”之称，时年四十四岁。兴奋之余，画了一幅《秋葵石笋图》，题诗曰“我亦终葵称进士，相随丹桂状元郎”，自以为青云得路，功成名就了。

绣帏香梦半朦腾，窗外鹦哥未醒

郑板桥在我们的印象中，是个古倔执拗的人，而且根据他的自述，我们知道他是个“虽长大，貌寝陋”的人——虽然是个大高个，但容貌很丑陋，似乎和才子佳人的浪漫故事绝缘。

然而，少年时郑板桥就有一个初恋情人——表姐王一姐，他有词回忆当年的王一姐形象：“竹马相过日，还记汝云鬟覆颈，胭脂点额”。只不过后来两人天各一方：“廿年湖海长为客，都付与春风梦杳，雨荒云隔”。旧时婚姻全凭父母做主，这其中有什么波折变故，我们固然不知，恐怕年幼的郑板桥也是蒙在鼓里的。

然而，狗血编剧们是无孔不入的，香港TVB剧中，竟然把王一姐这个角色改为青楼中的妓女，编出来一大堆感情戏，完全无视郑板桥自己叙说的“中表姻亲，诗文情愫，十年幼小娇相护”这样的史据。

其实，并非出自后人凭空虚构，郑板桥在《偶记》中，就记下了一个有关他自己的爱情故事,非常有戏剧性和传奇性。

时为扬州二月,郑板桥漫步城外,欣赏春色,去城有十来里路,这里树木丛茂,居民渐少。只见有文杏一株,开在竹子树木之间,煞是喜人。郑板桥不由得走近前,在花树下徘徊沉吟了一会儿。这时候屋里出来一个老婆婆,让郑板桥进屋喝茶。郑板桥进屋坐下一看,四壁间挂的全是自己的诗词,于是含笑问道:“你这里好多郑板桥的诗词,你可识得他?”老婆婆说:“只是闻名,不识其人。”郑板桥此时坦诚相告:“我就是郑板桥。”这么一说,老婆婆像拾到宝贝一样,马上冲进里屋和她女儿说:“快过来,快过来,郑板桥先生在此!”

原来,他们家有一个排行第五的姑娘,姓饶,对郑板桥钦慕至极,是铁杆“郑粉”。这位五姑娘容貌端丽,出来向郑板桥索字。郑板桥写下《西江月》一阕赠之。其词曰:

> 微雨晓风初歇,纱窗旭日才温,绣帏香梦半朦腾,窗外鹦哥未醒。　　蟹眼茶声静悄,虾须帘影轻明。梅花老去杏花匀,夜夜胭脂怯冷。

我们看郑板桥也不是全写“任尔东西南北风”,该柔情的时候也会柔情,如此郎有情、妾有意,这事就算订下了,虽然郑板桥家里刚新娶了老婆,但古时的人三妻四妾一点也不稀奇。饶氏虽然美丽多才,但毕竟是穷家女儿,也不争竞大房的名分,唯一的障碍是,当时郑板桥还太穷,饶家老婆婆想要一笔养老钱当聘金。郑板桥于是约定第二年如果中了进士后就来迎娶。

到了第二年,郑板桥果真中了进士,但是他留在京城待了好长一段时间。五姑娘家本来就是穷人,这一年多只靠微薄积蓄度日,不免越吃越穷,连首饰衣服都变卖了,宅子边的五亩小园,也卖了出去。这时候有一个富商,想出七百两银子,聘五姑娘为妾,母亲心下有点活动了,但五姑娘却坚持说,已经和郑板桥订下了约定,一定要守着。好在结局还是挺美满的,郑板桥中了进士后,得到江西富豪的赞助,于是风风光光地迎娶了五姑娘。

以上的故事,非常类似于"人面桃花"中的情节。如果不是郑板桥亲笔记载,恐怕要有不少人怀疑其真实性。

这个饶氏,后来深得郑板桥的喜爱,老郑曾有诗"自写簪花教幼妇",就是指的这位饶氏,她后来给郑板桥生下一个儿子。但可惜的是,前妻徐氏的儿子早亡,饶氏生的这个儿子,后来也没有长大成人就夭折了。郑板桥后来算是绝嗣了,虽然有两个女儿,但没有人来续郑氏香火了。

现在网上有一则民间故事,说是郑板桥临终前,把儿子叫到床前,并不是交代金银财宝,而是叫儿子亲手蒸馒头给他吃。下人们劝道:"少爷哪会做馒头,还是让厨师代劳吧。"而郑板桥执意要儿子自己动手。儿子只得让厨师手把手地教,终于蒸出一锅馒头。当他把馒头送到父亲床前,却见郑板桥早已与世长辞了,床前只留下一张遗嘱:"淌自己的汗,吃自己的饭,自己的事情自己干,靠天靠地靠祖宗,不算是好汉!"

像这类故事,只是文化层次相当一般的民间段子手们的臆想,只不过随便安了个郑板桥的名头,是经不起考证的。他们连郑板桥根本没儿子也不知道。

郑板桥除了喜欢美女,也和袁枚一样,喜欢美男。他在《自叙》中说:"酷嗜山水,又好色,尤多余桃口齿,及椒风弄儿之戏。"余桃口齿指弥子瑕那回事,椒风弄儿是董贤,都和同性恋有关。

为此,郑板桥曾经对官府行刑中用板子打屁股大为不满,还专门撰文"鸣不平":

刑律中之笞臀，实属不通之极。人身上用刑之处亦多，何必定要责打此处。设遇儿者美如子都，细肌丰肉，堆雪之臀，肥鹅之股，而以毛竹板加诸其上，其何忍乎？岂非大杀风景乎！夫堆雪之臀、肥鹅之股，为全身最佳最美之处，我见犹怜，此心何忍！今因犯法之故，以最佳最美可怜这地位，迎受此无情之毛竹大板，焚琴煮鹤，如何惨怛？见此而不动心怜惜者，木石人也。女人之两只乳，男子则两片臀，同为物之最可爱者。……昔宰范县时，有一美男犯赌被捉，问治何罪，按律须责四十大板，当堂打放。余谓刑罚太重，曷不易之？吏对不可。余无奈坐堂，但闻一声呼喝，其人之臀已裼露于案前，洁如玉，白如雪，丰隆而可怜，笞责告终，几至泪下。人身上何处不可打，而必打此臀，始作俑者，其无后乎！足下尝谓犯法妇女之掴颊掌嘴，最为可怜可痛。桃腮樱口，岂是受刑之所在乎？板桥则谓男子笞臀，尤可痛惜。圣朝教薄税，若改笞臀为笞背，当为天下男子馨香而祝之！

所谓“天下男子馨香而祝之”，恐怕不准，难道所有“直男”都被“掰弯”了吗？由此文可见，郑板桥的性取向确实有问题，见到男人的丰满屁股也心动这一点就足以说明了。

衙斋卧听萧萧竹，疑是民间疾苦声

郑板桥考取了功名之后，收获了佳人，兴奋之余，却又坐了次冷板凳。原来，虽然考中了进士，可以名正言顺地当官了，但在古代的官场中，应该的事多了，你不钻营门路，给吏部官员们送礼，就会让你干等着。

倔强的郑板桥,这条冷板凳一坐就是六年。后来终于到五十岁那年时,朝廷给了他一个山东范县县令这样的小官。到了县里,第一件事,郑板桥就命人把县衙的墙凿开了很多个孔洞,活像现在碉堡上的机枪眼。大家都很奇怪,这是要做什么?郑板桥笑道:"出前官恶俗气耳!"由此可见,郑板桥是立志做一个标新立异、与众不同的好官。

郑板桥到任后,并非像唐代诗人孟郊那样只会喝酒吟诗,不通政务,他将县中的事务处理得井井有条,没有积压的公文,没有叫冤的百姓——"不留牍,亦无冤民"。

郑板桥断案,十分讲究人情。有一次,一对年轻的僧尼被人扭送到县衙门,击鼓请郑板桥升堂审理。一问之下,说是这二人暗中私通,被人发现了。郑板桥看二人年纪相当,才貌相配,忍不住挥笔判他们一起还俗后成婚做夫妻。并写诗道:

一半葫芦一半瓢,合来一处好成桃。
从今入定风波寂,此后敲门月影摇。
鸟性悦时空即色,莲花深处静偏娇。
是谁勾却风流案,记取当堂郑板桥。

好在这对情侣遇上的是郑板桥这位开明的县令,要是碰上个恪守礼教、古板迂腐的县太爷,按大清律则是:"僧道尼僧女冠,有犯和奸者,于本寺观庵院门首枷号两个月、杖一百。"这两人可要备受惨毒,甚至性命也不保。

上面的故事来自于笔记小说,在郑板桥的判牍中并没有见到,于是有人怀疑其真实性,但以上的做法是十分符合郑板桥的个性的。比如在判牍中,有人告其儿媳离家不归,郑板桥就把这位多事的老公爹训了回去:“如果你儿子对她好,哪里会私自回娘家,让你的儿子好声好气地求他媳妇回来罢了,你告什么?”——“妇必恋夫,尔子相待果好,焉有私自归家?应着尔子以礼去唤,不必控。”

郑板桥对此事的处理,现在我们看来十分正常,但古时讲究三从四德,女子嫁了丈夫后,诸事都要听夫家的吩咐,这才叫所谓的“伦理纲常”。而郑板桥虽然在那个时代,讲的却不是“法理”,而是人情。

更为造福一方百姓的是,郑板桥经常擅自开仓放粮,赈济灾民。官衙中的很多油滑佐吏都来劝他,说这会招来上级的指责和处分的。但郑板桥却说“俟辗转申报,民无孑遗矣”——等着辗转上报公文,等待批示,老百姓早就饿死了。但一切都按上级的政策和命令行事,对自己的官位来说,是最保险的。而郑板桥心中第一位的是百姓安危,而并非自己的纱帽,后来他多次因这类事受到批评和处理,最终因顶撞上司,不得不罢官去职。

些小吾曹州县吏,一枝一叶总关情

衙斋卧听萧萧竹,疑是民间疾苦声。
些小吾曹州县吏,一枝一叶总关情。

这是郑板桥当年在潍县(现在潍坊)任县令时写的诗,充分表达了他爱民如子、为民请命的心声。直到后来流落到扬州仍旧卖画,郑板桥还是经常盖上这样一枚闲章——“恨不得填满了普天饥债”!

其实郑板桥集中,还有更深刻更辛辣的诗句:“县官编丁著图甲,悍吏入村捉鹅鸭。县官养老赐帛肉,悍吏沿村括稻穀。豺狼到处无虚过,不断人喉抉人目!”这样的指责,又是何等的犀利,何等的大胆!

然而,腐败黑暗的官场,总是劣币驱逐良币,坏官淘汰好官,因为不懂得逢迎上司，行贿送礼，郑板桥这样的清官好官，却被加以“贪婪”的罪名去职。

十二年饱含酸咸苦涩的宦海生涯结束了，六十二岁的郑板桥骑着瘦驴离开了山东，寒风中，白须霜鬓的他心境苍凉，高声吟道：

乌纱掷去不为官，囊橐萧萧两袖寒。
写取一枝清瘦竹，秋风江上作渔竿。

其实，郑板桥可能也早已厌倦了官场生涯，他六十大寿时，写了一副寿联给自己：

常如作客，何问康宁，但使囊有余钱，瓮有余酿，釜有余粮，取数页赏心旧纸，放浪吟哦，兴要阔，皮要顽，五官灵动胜千官，过到六旬犹少。

定欲成仙，空生烦恼，只令耳无俗声，眼无俗物，胸无俗事，将几枝随意新花，纵横穿插，睡得迟，起得早，一日清闲似两日，算来百岁已多。

从其中不难看到，郑板桥已经厌倦繁杂的俗务，向往“睡得迟，起得早，一日清闲似两日”的日子了。

官罢囊空两袖寒，聊凭卖画佐朝餐

卸任之后，郑板桥写下了那幅传世的书法佳作——《难得糊涂》。其下注明：“聪明难，糊涂难。由聪明而转入糊涂更难，放一着，退一步，当下心安，非图后来福报也。”

到了阔别十二年的扬州，白发苍颜的郑板桥心中虽有失落，亦有宽慰。有诗道："宦海归来两鬓星，故人怜我未凋零。春风写与平安竹，依旧江南一片青。"

经过了种种人情世态，宦海浮沉，到了这时，郑板桥的书法绘画造诣又上了一个层次，正如《神雕侠侣》中的杨过经历了种种人生磨难，开始领悟到"重剑无锋，大巧不工"的道理一样，郑板桥也摒弃了当年端正流丽的字体，而是创造了一种古拙苍劲的"丑书"。他的字似楷非楷、似隶非隶、结体怪异，让大家耳目为之一新。被称为"乱石铺街体"。看似随意而为，实则大有法度，其点画或粗或细，或浓或淡，或长或短，其结体或疏或密，或正或斜，都是自然随意，在这一点上，十分类似于"独孤九剑"的妙诣。老版《笑傲江湖》书中有一插图，正是郑板桥画的"兰竹"，原图题字云："掀天揭地之文，震电惊雷之字，呵神骂鬼之谈，无古无今之画，固不在寻常蹊径中也，未画以前，不立一格，既画以后，不留一格。"金庸注：似可为"独孤九剑"之剑法写照。

郑板桥经常告诫后生："师其意，不在迹象间""学一半，撇一半"，而且"不宗一家"，并且说："古人书法入神超妙，而石刻、木刻千翻万变，遗意荡然。若复依样葫芦，才子俱归恶道。"最重要的是"取其神而忘其形"。

看了这些，不禁让人油然想起风清扬教令狐冲剑术时的那些话：

> 唉，蠢才，蠢才！无怪你是岳不群的弟子，拘泥不化，不知变通。剑术之道，讲究如行云流水，任意所至。你使完那招"白虹贯日"，剑尖向上，难道不会顺势拖下来吗？剑招中虽没这等姿式，难道你不会别出心裁，随手配合么？
>
> 一切须当顺其自然。行乎其不得不行，止乎其不得不止，倘若串不成一起，也就罢了，总之不可有半点勉强。

由此可见，书法剑术是相通的，到了一定境界，就都会领悟到这一妙理。独孤九剑的威力是惊世骇俗的，是一般人想象不到的。归隐多年的嵩山派高手自觉已是剑法通神，却毫无抵抗之力地败在令狐冲剑下，不禁感叹："天下居然有这等武功，这等剑法！赵某人栽在阁下剑底，却也不算冤枉。"而众多的书画家，也是从郑板桥的笔法画意中窥得艺术殿堂中的一个新天地。

回到阔别十二年的扬州，郑板桥重操旧业，又回归到卖画生涯。然而，今非昔比，这时的他名望极高，书画的价值充分为市场所认可。当时正所谓"凡王公大人，卿士大夫，骚人词伯，山中老僧，黄冠炼客，得其一片纸只字书，皆珍惜藏庋"。

名气太大了，也有麻烦，不少人攀交情、托人情，来求郑板桥的字画。郑板桥干脆来个"六亲不认"，对自己的画明码标价：

> 大幅六两，中幅四两，小幅二两，条幅对联一两，扇子斗方五钱。凡送礼物食物，总不如白银为妙，公之所送，未必弟之所好也。送现银则中心喜乐，书画皆佳。礼物既属纠缠，赊欠尤恐赖账，年老神倦，不能陪诸君子作无益语言也。

并题诗一首：

> 画竹多于卖竹钱，纸高六尺价三千。
> 任渠话旧论交接，只当秋风过耳边。

这诗说的恐怕确实是实际情况，郑板桥自己曾说过："板桥平生无不知己，无一知己。其诗文字画每为人爱，求索无休时，略不遂意，则怫然而去。故今日好，为弟兄，明日便成陌路。"再好的朋友，求索书画时惹恼了他，他也会拂袖而去，不认兄弟，不顾交情的。

在旧时，文人雅士自命清高，往往羞于谈钱，郑板桥这样的特立独行，在当年也是惊世骇俗，吓倒一批人的。但不如此，又焉能得到“扬州八怪”的大名？

但从另一方面看，也不难窥出郑板桥当时经济上还是有些窘迫的。如果他也像袁枚那样有钱，可能会更清高一些，那句“送现银则中心喜乐”也不会有了，说不定还会说：“郑爷不缺你那几两银子花！”

六十六岁时，郑板桥的二女儿嫁给一个姓袁的人，郑板桥囊中羞涩，嫁妆不免不够豪华，于是带着歉意写下一诗道：

官罢囊空两袖寒，聊凭卖画佐朝餐。
最惭吴隐奁钱薄，赠尔春风几笔兰。

嫁了女儿，郑板桥再无心事，此时他已是孤身一人，卖画得钱后，就四处游荡，行踪不定，流寓多于家居。

乾隆三十三年(1768)的凛冽寒冬，腊月十二日，郑板桥因病溘然长逝，没有能听到新年的鞭炮声。

郑板桥诗书画俱佳，而且是熔为一炉，不过人们多着目于他的书画，不免忽视了他的诗才。其实，他本人对自己的诗文相当看重，他在《后刻诗序》中隆重声明：“姑更定前稿，复刻数十首于后，此后更不作矣。”生怕有后世好事者假托自己的作品，于是又恶狠狠地警告说：“板桥诗刻止于此矣，死后如有托名翻板，将平日无聊应酬之作，改窜烂入，吾必为厉鬼以击其脑！”——要是有用自己的诗假冒我作品的家伙，小心我化为厉鬼敲碎你的后脑勺！

最后，就让我们欣赏一首他集中别具一格的诗作：

大雪满天地，胡为仗剑游。

欲谈心里事，同上酒家楼。

侠骨铮铮，竹节石骨，这就是郑板桥的真正内心，超脱了那个时代，震古烁今，彪炳千秋！

目逾万卷纪晓岚

纪昀，字晓岚，也是一个被过度渲染了的才子。他有着很多的小说化、戏剧化的形象，和徐文长、唐伯虎、解缙、郑板桥等人一样，衍生了种种的传说和故事。尤其是近十来年，乾隆爷的形象出镜率极高，纪晓岚当然也随着火了一把，并且成为大贪官和珅的主要对手之一。

其实，真实的纪晓岚虽然也滑稽诙谐，机智聪明，但他的风度没有电视上那样好，权力也没有那样高，为人也没有那样忠直。

火精出世，聪慧神童

说起科举功名上的本事，纪晓岚是远在蒲松龄和郑板桥之上的，袁枚虽然也中了进士，但因为“外语”（满文）不合格，没有能留在翰林院。而纪晓岚却一路过关，成为天上碧桃、日边红杏，朝朝身惹御炉香。

纪晓岚是河北省献县人，所以自称“北地伧父”，也就是北方粗汉的意思。不过，他家的先祖是三百多年前从江南迁过来的，还有这样一个传说：纪家当时逃荒到北方，不知何地落脚才好，有算卦的说，得到一个“牛上房，车上树”的地方才行。听起来似乎世间没这种地方，但来到沧州献县这里，看到有一个矮房背着土坡而建，一头牛爬上后面的高坡吃草，正好在房子上面，而门前树上，挂着一辆纺车。纪家人一看，心中大喜，于是安心在此定居。

要说这里风水可能真不错，纪家住在这里后，渐渐发达起来，从纪晓岚的高祖起，就是饱学大儒了。从纪晓岚记载过的一个故事中，就充分表明，当年的纪家人就沉迷于学问，十足的学究气了。

当时"大兵"（就是清兵，纪昀不敢明写）要杀过来了，大伙都商量着出城，逃到乡下去避一避，纪景星、纪景辰兄弟二人，论辈分是纪晓岚父亲的叔伯爷爷，收拾好行李细软，正要出发，突然看到邻居老头指着门神叹气道："要是现在有像尉迟敬德、秦琼这样的猛将，怎么会有现在这样的局面啊！"

纪家爷爷听了，书生呆气发作，和老头争辩说："门神是神荼、郁垒的画像，非尉迟敬德和秦琼也。"邻居老头不服，进屋翻出丘处机写的《长春真人西游记》为证，纪家两位爷爷说"委巷小说不足据"，进屋找出来东方朔《神异经》和人家争辩。当时天色已晚，大家争论不休，吵了半天也没吵出个分晓，再想走时，城门已关了。第二天更别想走了，清兵已经围城，城破后，纪家二位前辈全部死在了刀下。

后来纪晓岚的父亲曾经感叹说："死生呼吸，间不容发之时，尚考证古书之真伪，岂非惟知读书，不预外事之故哉！"

纪晓岚收罗天下奇书，汇集各种资料，当时却很犹豫是不是把这事记载进去，因为古人太讲孝道，记进去吧，这事有父亲讽刺先祖太过于书呆之嫌，但后来觉得"书痴尚非不佳事，古来大儒似此者不一"，确实如此，醉心于学问，忘却性命之危的这种做法，有点类似阿基米德在刀剑砍来之前还要做数学题一样，看从哪个角度来看了。

其实纪晓岚也部分遗传了这种呆气，他说《聊斋志异》有这个缺点："燕昵之词，媟狎之态，细微曲折，摹绘如生，使出自言，似无此理；使出作者代言，则何从而闻见之？"意思说男女间的密语，蒲老先生怎么知晓的？看来纪大才子是考据惯了，小说中描写角色，连各自心理都能描绘，又有什么奇怪的。

此处转述这个故事是想说明，纪晓岚也是家学渊源极为深远的一代才子。到了纪晓岚的父亲这一代，就开始步入仕途，光耀门楣了，纪老爹最高做到云南姚安知府这一职位，所以在纪家，一般尊称他为“姚安公”。

然而，这点荣耀和后来的纪晓岚比起来，就如萤火之于日月了。

1724年盛夏之日，纪昀出生了。他的门生在《归田琐记》一书中，说纪晓岚是“火精转世”。正统说法，火神是祝融，但民间有不少说法，火神是女子，所以才有家里放春宫图能避火的说法，说是女火神不好意思看到这些很“污”的图片，于是就不来了。也许是为了和祝融区别，所以又有了火精一词。

相传那天，火精出现后，村民人人害怕，就敲锣打鼓放鞭炮驱赶，只见火精被赶着，逃进纪家了，人们正在议论纷纷，猜测纪家可能失火，但始终没有动静，倒是传出了纪家又添丁的消息。这个小娃娃就是纪晓岚，据说他一生下来耳边就像是有戴过耳环的穿痕，还有一双缠过足般的小脚。后来纪晓岚都当了朝廷重臣，这两样特征丝毫没有消除，他也不忌讳，经常让朋友验看耳边，并脱下鞋子露出小脚来。相书上说“男生女相主富贵，女生男相多劳累”，看来在纪昀这里是有道理的。

还有人说纪晓岚是个猴精，家中几案上常摆些榛、栗、梨、枣之类杂食。这理由似乎太牵强了，爱吃零食就是猴子吗？

不过据纪昀自己说，两三岁时，曾有成精的“泥孩”陪他玩耍，而且他还是有一些特异功能的，虽然后来纪晓岚高度近视，视力非常差，但他童年时却是“夜中能见物，与昼无异”，有和猫一样的敏锐目光。但随着岁数渐渐大了后,这种神奇功能就失效了。

不过,与古今神童式的才子相比,纪晓岚应该并不逊色的。有关他少年时才思机敏的对联故事多不胜数,简略转述几则:

> 一日,纪晓岚与童伴数人在街边玩球,不小心球飞起来撞到太守的官轿,一时衙役厉声呵斥,众童惊逃四散,但纪晓岚不但不逃,居然还挺身上前,拦轿索球,太守说:"我有一联,如果你能对出,就把球还你。"于是出联道:"童子六七人,惟汝狡"。纪晓岚不假思索,随口对道:"太守二千石,独公……"最后一字故意吞吞吐吐,迟迟不说。
>
> 太守问道:"何以不说末字?"晓岚笑道:"太守如将球还我,就是'独公廉',球不还我,便是'独公贪'了。"太守见这小孩还真是聪明狡黠,将来必能出人头地,就笑着命人把球还给了他。

又说纪晓岚应童子试时,主考官是一位青年俊才,登科仅三年,因闻晓岚有"神童"之誉,于是出联道:"八岁儿童,岂有登科大志?"纪晓岚立即回敬下联曰:"三年经历,料无报国雄心。"

考官听了,知道自己先输了一城,欲再出一联难他,因见门上绘有荼、郁二位将军,乃出联云:"门上将军,两脚未曾着地",纪晓岚当即答曰:"朝中宰相,一手可以托天。"

考官愣了半天,又见考场对面寺庙前,有一座七层宝塔,再出一联道:"宝塔六七层,四面东西南北"。这个对联就有一定难度了,尤其四面东西南北,前面有个"四"字,说四样东西,根据对联规则,下联不能再说四字,但后面也要列举四样东西,这就比较麻烦。但纪晓岚略略一想,答道:"宪书十二月,一年春夏秋冬。"宪书,就是日历。考官一听，不禁击掌赞叹，彻底佩服了纪晓岚的才华。

像这一类的纪晓岚智对故事，几乎可以搜罗成一本书的，这里面虽然有真有假，但纪晓岚的才情之高是假不了的。

少年的纪晓岚不但聪明，而且调皮，喜欢恶作剧，爱新觉罗·舒坤的《随园诗话》批本中曾说："晓岚少年纨绔，无恶不作，尝考四等，为乃父所逐出。中年狡猾，为和珅文字走狗。所著《阅微草堂》诸种，大抵忏悔平生，惧有报应。"

这人和纪晓岚不知有什么过节，上面这段话大有"抹黑"之嫌，但纪晓岚少年时调皮，却也是事实。据说他不仅在对对联时嘲弄老师，还弄了这样一出恶作剧：教书先生年老，上厕所蹲茅坑时不易起身，于是就在坑前砸了一个木桩当扶手，纪晓岚悄悄用小锯将木桩根部锯断大半，只剩下一点点相连，然后再用浮土盖上，先生哪里知晓，解完大手后，用力一扳这根木桩欲起身时，木桩当即折断，这位老师一下子跌坐到茅坑里，屎尿满身，淋漓不止。

顽皮归顽皮，纪晓岚还是绝顶聪明的，二十三岁那年，他参加乡试，主考官是阿克敦和刘统勋（即刘罗锅的父亲）。题目是《拟赐宴瀛台联句并锡赉谢表》，要求考生撰写一篇表章，假想日后参加朝廷御宴时，用来答谢。这一类文章，格式需要骈四俪六，这对于喜欢对联的纪晓岚来说，可谓是如鱼得水，正好施展胸中的本事。于是他笔走龙蛇，写下一段段精美的文句：

> 时乃仙车九九，降来五色云中。玉佩双双，随过百花桥上。参差贝殿，疑浮弱水之三千。隐见珠楼，似见昆仑之十二。沧洲晓气，化为宫阙之形。阊阖秋风，吹入金银之树。舟浮太液，惊黄鹄以翻飞。帐启昆明，凌石鲸而问渡。指天

河之牛女,路接银潢。搴秋水之芙蓉,域开香国。

如此词采瑰丽、妙语翩然的好文,自然令人拍案叫绝,于是一举夺得本场乡试的第一名,即解元。

入选翰林,执掌文衡

在殿试中,纪晓岚取得二甲第四名,即全国第七名,于是他在翰林院待了下来,而且还深得乾隆皇帝的喜欢。纪晓岚虽然"貌寝短视"——长得丑、近视眼,但他生性幽默,应变敏捷,能逗皇帝开心,所以乾隆还是挺喜欢他的。

大家都知道,乾隆皇帝爱诗成癖,经常顺口吟诗,以纪晓岚的聪明,自然是应接如流。有关纪晓岚逗皇帝开心的段子,也有很多,未必全是真的,但也未必全是假的。据说乾隆和群臣说:"《论语》中的'色难'这个词,用什么来对一下呢?好像挺难啊!"话音刚落,纪晓岚就说:"容易。"乾隆有些惊讶,说道:"那你试对一下与朕看看。"纪晓岚笑道:"臣刚才已经对过了。"乾隆这才醒悟,原来"容易"和"色难"是绝佳的妙对。

还有大家熟知的纪晓岚智解"老头子"的故事,这里就不赘述了。反正皇帝一贯严肃,时间长了自己也未免有些郁闷,有这样一个类似东方朔的臣子插科打诨地解解闷,也是挺愉快的一件事。

当然,纪晓岚也并非完全是"相声演员",关键时候,文笔也完全顶得住,像乾隆爷五十大寿时,群臣献上的贺联虽多,但基本上都是陈词滥调,根本没什么新意,于是他吩咐纪晓岚撰上一联来,纪大才子果然不负圣望,写了这样一副:

二万里河山，伊古以来，未闻一朝一统二万里；

五十年圣寿，自今而往，尚有九千九百五十年。

这副对联数字众多，却对仗精工，字字不虚，句句应景，又全是颂圣期祝的好词，虽然有些不实在——“未闻一朝一统二万里”这句就不对，人家蒙古比清朝疆域只大不小，“尚有九千九百五十年”，更是信口开河。但天子万年，虽然谁也不真信，但谁也不敢明说是假，所以这马屁还是拍得很精致，乾隆当然也是龙颜大悦，如同六月里喝了冰雪水，说不出的舒服。

不过，纪晓岚此时虽然得宠，但并没有多少权势，绝不会像电视剧《铁齿铜牙纪晓岚》中那样当着皇帝的面用大烟锅敲和珅的头；而且和珅这时还是个十岁左右的孩童，也没有资格立于朝堂之上的。

过了几年，一道出乎人们意料的圣旨传了下来，年方三十六岁的纪晓岚，被委派为山西乡试的主考官。一般来说，乡试的主考官，都是年高德劭的资深大儒，像纪晓岚这样的青年才俊还从来没获得过如此的重用。原来一直小媳妇似的战战兢兢地受主考官的气，现在好了，自己也熬成婆了，威风八面地往那儿一坐，这真是“应知今日持衡手，原是当年下第人”。

不过纪晓岚爱开玩笑的习惯难改。有一次，他阅卷时，发现一个考生字写得不规范，经常把“口”写成“厶”，比如“员”字写成“贠”。严格地说，这是不可以的。但这个考生脾气挺倔，还不服，于是纪晓岚批道“私和勾句，吉去吕台，尔若强辩，革去秀才”。把这位考生吓得不轻。看来古代考官就是厉害，现在没有听说过不遵守高考纪律，连高中毕业证也作废的制度吧。

还有一次，新科状元刘玉树考试结束后来拜谒他。闲谈中，纪晓岚问他住在何处。当时书生很多都是寄寓寺庙，刘答，现在住在芙蓉庵。纪晓岚听了大笑，挥笔写下一副对联，上联是“刘玉树小住芙蓉庵”，下联是“潘金莲醉卧葡萄架”。这副对联十分工整，但主旨只是游戏玩笑，充分体现了纪晓岚爱恶搞的脾气。这要是换一个老成持重的人，堂堂主考官，有座师之誉的人，和自己的晚辈门生开这样的玩笑，也太不庄重了。这正反映出纪晓岚诙谐随和的一面。

话说纪晓岚不但主持过文状元的考试，还录取过一名叫李云龙的武状元，没错，就叫李云龙。

三年后，纪晓岚又奉命巡视福建学政，这个职位享受钦差待遇，与各省督抚平级，知府以下官员见了都要以下属的身份迎接。这一去又是三年，期间工作还是相当认真负责的，不过说起来也是相当平淡。电视剧《铁齿铜牙纪晓岚》中，他一下子化身神探狄仁杰似的人物，斩贪官、破疑案，完全改行当了刑侦高手，这当然纯属虚构，让大家看热闹罢了。

贬谪新疆，总纂四库

纪晓岚一生中真正遇到的两件大事，一荣一损，先损后荣。露脸的事，是总纂《四库全书》这桩浩大的文化工程；倒霉的事，是被贬谪到万里之遥的新疆乌鲁木齐“改造”了一番。

祸起于这样一件事，纪晓岚的长女嫁给卢见曾家的长孙卢荫文。这个卢见曾有必要介绍一下，他别号雅雨，长得很是矮小，人称“矮卢”。但是个头虽矮，官当得却不低。他曾经长期担任两淮盐运使这个肥缺，又喜欢结交文士。袁枚的《随园诗话》中多次提到他，而且相互慕名已久的郑板桥和袁枚二人，正是在他主办的酒席上相遇的。扬州八怪，个个都是他的座上客，写有《儒林外史》的吴敬梓，也是在他的大力资助下才完成这本书的，死后也是他一手安排的丧事。所以，这个卢见曾可以说是乾隆时期的文坛纽带。

不过，到了乾隆三十三年(1768)，“两淮盐引案”爆发，自然牵涉到卢见曾，他虽然已经离职退休，回到山东德州老家闲居，但乾隆还是严令要将他逮捕，并查抄家产。纪晓岚长期行走皇帝驾前，消息自然十分灵通，得知自己女儿的婆家有这样的麻烦，自然悄悄通风报信。卢家获知后，马上将巨额资产转移了。

办案人员从卢家只抄到数十千铜钱，金银首饰一件没有，连华贵的衣服也几乎看不到，觉得很不合常理，加上卢家以前大排场的事有不少，这戏也做得太假了吧？汇报给乾隆后，乾隆意识到是身边有人泄密，于是勃然大怒，下旨让刘罗锅的爹刘统勋彻查。刘老爹虽然对纪晓岚印象不错，并无私仇，但他执法如山，毫不徇情，很快就查实了纪晓岚“违纪违法获取并泄露国家机密”的罪行。

话说民间演义中，这“锅”又让和珅给背了，说是和珅使坏，取证并揭发了纪晓岚。其实恰恰相反，这事与和珅无关，倒和刘墉家有关。

乾隆听了，大为震怒，将卢见曾判了相当于死缓的绞监候，卢老头享惯福的身子骨哪经得住折腾，很快就死在狱中。而纪晓岚被发配到乌鲁木齐效力赎罪。看来乾隆对纪晓岚还是手下留情的，这“效力赎罪”只是贬谪，身份还是官，比披枷戴锁、一路被人打骂的“劳改犯”强得多。

动身出发时，正是八月份，秋风萧瑟，心事苍凉。四十五岁的纪晓岚第一次感到彻骨的寒意，他只带了两个家奴，恓恓惶惶地离开京城，远赴关山万里的西域。有道是“势败奴欺主”，这个叫于禄的家奴，对纪晓岚也越来越傲慢无礼，这天阴云密布，似乎要下大雨，于禄这小子连忙把自己的衣箱塞到马车的底部，把纪晓岚的行李放在上面，倘若下起雨来自己的衣箱安全了，主人的衣服淋了就淋了吧。哪知道，报应不爽，过了半天，雨根本没下，马车反而陷进一个水坑中，水从下往上泗，恰好把于禄的衣服全湿了，真是枉做小人。

不过，衣服虽然没湿，纪晓岚的心却凉透了，自己竟然沦落到这样一个地步，连一个小小家奴都来欺负自己！

然而，经历大半年艰难跋涉后，纪晓岚终于到达了乌鲁木齐。好在当地军政一把手温福对他很不错，给他安排了一个“印房章京”的差事，还是抄抄写写，起草公文。这活儿纪晓岚是轻车熟路，不过以前是侍候皇帝，现在是侍候温福罢了。

其实官场沉浮不定，温福到底是宦海中打滚的人，较之于禄这种智商急需充值的人，见识要高多了。像纪晓岚这样的“犯官”，皇帝不高兴，可以一脚“踢飞”到西域来，皇帝一高兴，又可以重新回到大内中枢，何苦得罪他，为自己埋下一个“政治地雷”呢？

由于并不像苏轼、黄庭坚被贬谪时，有朋党之争作梗，所以并没有人刻意迫害纪晓岚。当时他的日子过得还是不错的，从纪晓岚的笔下，我们可以知道，乌鲁木齐的街市还是相当繁华的：“廛肆鳞鳞两面分，门前官柳绿如云”，连西洋钟表都有人会修。好吃的东西也有的是：“凯渡河鱼八尺长，分明风味似鲟鳇”。水果也不少：“红笠乌衫担侧挑，苹婆杏子绿蒲桃”，当然新疆哈密瓜更为常见，纪晓岚吃得满口生津，大夸：“凉争冰雪甜争蜜”。葡萄酒，这里当时也盛产：“蒲桃法酒莫重陈，小勺鹅黄一色匀。”当然比起酒来，纪晓岚更为嗜好的是烟，这里也有：“露叶翻翻翠色铺，小园多种淡巴菰（烟叶）。”甚至连美女也并不缺乏：“桃花马上舞惊鸾，赵女身轻万目看。不惜黄金抛作埒，风流且喜见邯郸。”

纪晓岚其实在乌鲁木齐也就待了一年多，乾隆就下旨把他给召回京师了。回首这一年多的塞外经历，纪晓岚觉得恍如一梦，离开新疆时，他写下这样一首诗：

一笑挥鞭马似飞，梦中驰去梦中归。

人生事事无痕过，蕉鹿何须问是非。

其实我觉得，谪戍乌鲁木齐的经历，其实对纪晓岚来说未必不是一件好事，没有受太多的苦，反而增长了不少见识，要不他的《阅微草堂笔记》中，就会少了很多异域奇闻，他自己的足迹也仅限于华北、华东一带。

召回纪晓岚的一个重要原因，就是乾隆有意让他领导编纂大名鼎鼎的《四库全书》。话说乾隆创立了平金川、回部、缅甸等赫赫武功后，也想在文化工程上压倒前人，为自己“十全老人”的形象再添上一个光环。

虽然之前康雍两朝已经修成《古今图书集成》，但那里面只是节选编目，并不完整。所以，乾隆想整出一本媲美《永乐大典》的巨著，把古今图书一网打尽，用当时的话说就是“俾古今图籍荟萃无遗，永昭艺林盛轨”。

依乾隆好大喜功的脾性，这个文化工程十分浩大，任务纷繁复杂，谁来担任四库馆的总纂官呢？刘罗锅的爹刘统勋，也就是当年查办纪晓岚的那个人，力荐纪晓岚担任。乾隆听了，也觉得这事也只有聪明机敏的纪晓岚来主持最合适。于是，纪晓岚就毫无悬念地当上了主修官。

当年北宋梅尧臣被指派修史，叹气说：“吾之修书，可谓猢狲入布袋。”意思是被这个任务拴住了，进了套，没自由时间了。纪晓岚的大半生精力也消耗在《四库全书》之中了。然而，也正是这套书提升了他的知名度，他的大名与《四库全书》就此绑定在一起，与之不朽！

《四库全书》由纪昀主修，另外还有三百多名翰林学士及饱学大儒参与，其中有从国子监、太子詹事府、笔帖式等各处借调来的人员，抄书的“写手”有三千八百多人，这些人有的还是没考中的落第秀才之类，朝廷许诺在保质保量完成工作后，可以授官。在此书告成后的进表中有这样的描绘：“鲸钟方警，启蓬馆以晨登。鹤籥严关，焚兰膏以夜继。”虽然汇报工作时不免略有夸大，但从全书浩大的工作量来看，也不完全是虚报。这套书耗时十三年才编成。丛书分经、史、子、集四部，故名四库。共有3500多种书，7.9万卷，3.6万册，约8亿字，基本上囊括了中国古代所有图书，故称“全书”。

从规模上看，《四库全书》已经超过了明代解缙主修的《永乐大典》。《永乐大典》22937卷（目录占60卷），11095册，约3.7亿字，比《四库》要少一半。而且《四库全书》是一部“丛书”，《永乐大典》则是一部“类书”。什么叫类书呢，这有点像我们百度搜索的结果，《永乐大典》就是这样的，比如《永乐大典》第2263卷收录了“西湖”这一主题，就只抄录《杭州府志》中有关西湖的内容，接下来一直到2265卷还在延续“西湖”这一条目，抄录了《宋林淳定斋集》中关于西湖的文字，而《杭州府志》和《宋林淳定斋集》两本书中其他内容的文章，此处不再抄载，可能按不同的条目放在《永乐大典》其他的卷册下。

纪晓岚的任务是总纂，他要把各处搜罗来的书先披阅一遍，然后决定这样四个“待遇”：“应刊刻”“应钞录”“酌存目”“毋庸存目”。也就是说最需要保存的，就刊刻后流传，一般价值的就抄个副本，再次就存个书名，而涉及清廷敏感话题的，当然就直接禁毁删除了，这就是“毋庸存目”。

所以，纪晓岚的任务也是相当繁重的，从《四库全书总目提要》的一些文字来看，纪晓岚是非常认真地对所有的书作出评点的，他对这一工作，既感到辛苦，又体会到其中的乐趣，这从他自己写的一首诗中可以窥见：

检校牙签十余万，濡毫滴渴玉蟾蜍。

汗青头白休相笑，曾读人间未见书。

当然，修《四库》的过程中，因为受清廷严酷文化管制的政策，纪晓岚也不得不违心地毁掉了大量的书籍，鲁迅先生曾经深刻地剖析道：

现在不说别的，单看雍正乾隆两朝的对于中国人著作的手段，就足够令人惊心动魄。全毁，抽毁，剜去之类也且不说，最阴险的是删改了古书的内容。乾隆朝的纂修《四库全书》，是许多人颂为一代之盛业的，但他们却不但捣乱了古书的格式，还修改了古人的文章；不但藏之内廷，还颁之文风较盛之处，使天下士子阅读，永不会觉得我们中国的作者里面，曾经有过很有些骨气的人……

但即便是这样，纪晓岚和他的属下还是遭到了乾隆的严厉训责。有一次，乾隆吃饱喝足了，闲着没事，拿出一本《四库全书》的样书翻翻，一下子就翻出了问题，发现有一本叫《诸史同异录》的书中，有对清世祖“不敬”的言语，于是勃然大怒，狠狠训斥了纪晓岚等人一番，并让他们自己掏腰包，赔付重新抄写修补的费用。

后来乾隆多次找茬，埋怨《四库》编纂人员的政治敏感性不强，思想觉悟不高，由于毕竟偏爱纪晓岚一些，乾隆对他还是比较宽宏的，而对另一名主修官陆锡熊就严酷得多，多次严厉责罚他。陆锡熊年近六十，于冰天雪地中被责令赶赴东北关外的文溯阁修订原来有问题的书册，一番折腾，老身子骨散架了，一命呜呼在他乡。但是严酷的乾隆仍不罢休，下旨查抄他的家产充公，借口是用以赔付重新修补书页的费用。

在此情景下，纪晓岚也是忧心忡忡，他深知天威难测，所以写诗道：

立久心茫茫，悄然生恐惧。

置身岂不高，时有蹉跌感。

在此高压恐怖下，群臣自然杯弓蛇影，修书时也对文字严格过滤，把岳飞的《满江红》名句"壮志饥餐胡虏肉，笑谈渴饮匈奴血"，改为"壮志饥餐飞食肉，笑谈欲洒盈腔血"，不敢书"胡虏""匈奴"字样，以免刺激到乾隆；辛弃疾的《永遇乐·千古江山》："斜阳草树，寻常巷陌，人道寄奴曾住"，寄奴似乎没什么问题，刘裕（小名寄奴）本身也是汉人，并非异族，但修书者修得神经有点失常了，吓得也改为"人道宋主曾住"。虽然这样一改，不伦不类，原词气韵全失，但身家性命要紧，其他的先不管了。

据说，为了哄乾隆高兴，纪晓岚等故意吩咐抄手制造一些谬误，让乾隆审阅时看出来，然后群臣装作"圣智"聪慧，众人不及的姿态，巧妙地拍一下乾隆的马屁，让乾隆得到极强的心理快感，对于这种"学术性错误"，他并不真生气，往往是明里训斥，暗中得意，诸臣事后往往反而受到赏赐。后来乾隆脸露够了，新鲜感也消失了，于是对"校书"渐渐生厌，"每样本进呈，并不开视，辄以朱笔大书校过无误，照本发印"。编者之前制造的讹误，竟然得不到修改，只好将错就错。

乾隆四十六年（1781），纪晓岚等一批大臣在书馆中熬白了头发，终于修成了这部中国古代最大部头的丛书。书成后这"经史子集"四库，各依春、夏、秋、冬四季，经部居典籍之首，故用春天之绿色装潢；史部著作繁盛，如夏天之火，标以红色；子部采集百家，有如秋实，用蓝色；集部荟萃私人文集，好比冬藏，所以对照的是灰色。

喜悦之余，乾隆下旨在皇宫里专门修了一座文渊阁，用来存放这部书。现在去北京故宫，稍微注意一下，可以看到东华门内文华殿后，矗立的就是这个紫禁城中最大的皇家藏书楼。后来又在圆明园修了文源阁，沈阳修了文溯阁，避暑山庄修了文津阁，用来存放《四库全书》的“备份”。

这项浩大的文化工程完全结束后，纪晓岚已是六十高龄的人了，乾隆提升他为侍读学士，后来又成为礼部侍郎。之前，乾隆曾训斥纪晓岚：“朕以汝文字尚优，故使领四库书，实不过以倡优蓄之，汝何敢妄议国事？”所以，翰林学士的地位虽然在落第秀才们的眼中看起来是很光鲜的，但实质上还是皇帝的精神玩物，不能和军机大臣比。现在纪晓岚当上礼部侍郎，后来又当上兵部侍郎，终于算是“出翰林”了。

几年后，纪晓岚又光荣地参加了在乾清宫举办的“千叟宴”。说是千叟，其实有三千九百多个六十岁以上的老头赴宴。当时康熙举办千叟宴时，纪晓岚的父亲纪天舒曾经见到当年的盛景，不过他却没资格参与。到了此日，纪晓岚终于能躬逢其盛，也可以告慰父亲在天之灵了。

后来纪晓岚一路升迁，最后达到礼部尚书、协办大学士加太子太保，并赐紫禁城骑马，荣宠一时，可谓光宗耀祖了。

阅微草堂，谈狐说鬼

纪晓岚由于太多的精力都消耗在编著《四库全书》之中，自己的作品就比较少。而且，他看书太多之后，觉得古人几乎把所有的事都说尽了，再写的东西也没什么新意——“后之人竭其心思才力，要不出古人之范围”，所以就打消了这个念头。

然而，他还是写了一本别开生面的书——《阅微草堂笔记》。这本书有点类似《聊斋志异》,也是谈神说鬼,记录奇闻怪事。这其中,记载了很多趣闻逸事,也记载了纪晓岚的一些身世和纪家的旧事。像前面说过的两个纪家爷爷因为争论典故,耽误了逃生机会等,就是记载于这本书中的。

阅微草堂,是纪晓岚当年府上的一座房子,当时纪府有孤桐馆、槐安国、生云精舍、绿意轩等诸多屋宇,这个阅微草堂至今尚存,既不宏伟,也不壮观,在北京甲第如云的宅院中,只是很寻常不起眼的一座,但是,就因为这本《阅微草堂笔记》,这座房子名闻天下,引来无数后人瞻仰。

《阅微草堂笔记》和《聊斋志异》的高下,也是一个百年口水仗,不少人争论不休,俞樾曾力挺《阅微》,他说:"《聊斋志异》一书,脍炙人口,而余所醉心者,尤在《阅微草堂五种》。盖蒲留仙才人也,其所藻绘,未脱唐人小说窠臼;若《五种》专为劝惩起见,叙事简,说理透,垂戒切,初不必屑屑于描头画角,而敷宣妙义,舌可生花,指示群迷,石能点头,非留仙所及也。"

这里面说出了《阅微》一书的优点,那就是叙事精练,让人感觉考辨有据,条理清楚,因为纪晓岚比起乡间寒儒蒲松龄来,毕竟见多识广,胸襟气度也完全不同。正如鲁迅先生评《阅微草堂笔记》时说:"惟纪昀本长文笔,多见秘籍,又襟怀夷旷,故凡测鬼神之情状,发人间之幽微,托狐鬼以抒己见者,隽思妙语,时足解颐;间杂考辩,亦有灼见。叙述复雍容典雅,天趣盎然,故后来人无能夺其席,固非仅借高位望重以传者矣。"

当然,正如莫言只有小学毕业一样,不见得地位高的人就全是优势。由于纪晓岚背了文坛耆宿的包袱,他笔下也强调文人味,少了传奇味、小说味,不像蒲松龄那样活灵活现地摹写人狐的爱情故事,也没有对科举制度、贪官酷吏的直接控诉。相对于袁枚的《子不语》,纪晓岚思想还是略为迂腐了些。前面说过，袁枚故事中，阴司中对有“淫行”但孝顺的女子，判罚结果是“托生山西贵人家为公子”，也就是说有孝顺的德行，足以抵过淫荡的罪过。但在纪晓岚这本书中，对于又淫又孝的一个女子，三个神灵“开会”研究，一个说应该奖赏，有孝可以抵淫，一个说应该处罚，理由是“万恶淫为首”，另一个和稀泥，说是该功过相抵。纪晓岚说，三个神灵最终也没商量出结果来。

纪晓岚毕竟是“正部级国家干部”，所以书的教化成分也比较多，收入了很多因果报应的故事，比如有贪官私吞草料钱，后来转世为马；刀笔吏侵吞钱财，后来得恶疾败家，全当了医药费；有高官夫人经常鞭打丫鬟，惨毒倍至，后来两股生疽溃烂，一如鞭痕，死后棺材还失火被焚；有人经常骂人，后来喉舌全部生疮流脓而死。诸如此类种种，篇中极多。这类故事，我觉得也是有一定意义的，很多下愚之人，给他们讲大道理是没用的，还不如因果报应之说更有威慑力，让很多人不敢做坏事。比如故事中，有大盗讲，不能劫贫弱者的钱财，不能欺辱奸淫妇女，不然很快就会遭报应，失手被捉。与之相反，曾经有一个大盗坚决制止同伙奸淫一个少妇，后来被围剿时，他明明卧在马槽下，官兵看去，却是一堆枯干的柴火。这样的言论，会使当时许多的强盗收敛恶行，不会做坏事无底线。

不过，《阅微草堂笔记》这本书，并非教科书一样，还是有好多有趣的故事的，这里给大家转述两篇别人不大提及的：

有一个贵公子小鲜肉，长得特别美，“有卫玠璧人之目”，在寺庙里租了两间房读书，一间卧室，一间书房。隔了不久，发生了奇怪的事，每天早上，书房都给打扫得干干净净，瓶里插了花，砚池里加了水，那手法和审美观，一看就不是粗俗的人做的，一定是个高素质有情调的女文青，相比之下，田螺姑娘也只是会烧火做饭而已。这个美貌公子心中窃喜，以为有仙女或狐精眷顾。渐渐地，盘中又多了些水果糕点之类，公子倒是小心，不敢吃，但想到这是美人所赠，心里也甜滋滋的。有一天，趁着明月朗照，公子悄悄来到书房前，捅破窗纸，想偷窥一下美人的芳容，等到夜半时分，果然有人来收拾东西了，公子擦亮眼睛一看，居然是一个虬髯大叔！吓得连滚带爬地逃了。第二天，收拾行李，不在这里住了，临走时，只听得天花板上有细微的叹息声。

还有一则故事是，一个美貌书生找到了一个美女欢会，哪知道，美女一抹脸变成了一个大胡子汉子，反攻倒算，把美貌书生推倒欺负了一番。

路上遇到美女，没理由搭讪，有时问路不失为一种好办法，但是在《阅微草堂笔记》中，这种伎俩也被美女（狐女）看破，从而遭到痛打。这人据说还是纪晓岚当年的一个同学，他骑驴去参加乡试，见官道柳树下，有一个靓妆美少妇站立，于是这人就嬉皮笑脸地凑过去，说要问路。美少妇怒道："这是正南正北的通驿大路，车马往来极多，怎么会不认识路，明明是欺我孤单一人，有意调戏！"说罢，也没见她扬手，就有一块瓦飞了过来，将这人打得头破血流，而那个美少妇倏而不见，没身在高粱地里了。后来，众人议论纷纷，猜测这个美少妇既然白昼出现，当不是鬼，应该是狐仙吧。但是，我读后却觉得，焉知这美少妇不是武林高手一类的人物呢？

《聊斋》里的狐，多是女狐，情人一类的狐，《阅微》中的狐，性别不明显，很多是师友类的狐。平时咱们经常用"狐朋狗友"来比喻滥交朋友，其实狗是忠实的朋友，狐也很不错。这里面有故事说，有人外出经商，就把家里的事务托付给狐友，于是"凡火烛盗贼，皆为警卫，童婢或作奸，皆擿发无遗，家政井井"。山东有一只狐，居一家有三世，从不现形，但是每有盗贼火警，都提前预告，逢年过节，还馈赠小礼物，房屋有漏雨损坏时，狐还会悄悄放在桌上一些银钱，以供修茸之资。

还有一只狐，住在书楼上几十年，经常为主人整理卷轴，驱逐虫鼠，是个爱书的好狐。有时来了宾客，它虽然不显形，但也能和人谈话，而且“词气恬雅，谈言微中，往往倾其座人”，是个学问狐。

另外还有不少雷锋式的狐经常做好事帮助人，比如：有个叫刘拟山的人，家里丢失了一只金钏，于是就毒打小丫头，非要她招认。小丫头被打得无法忍受，只好承认，刘又追问卖到哪里去了，再施毒刑折磨这个小姑娘，这时候天花板上的狐说话了：“我在你家住了四十年，从来不愿意露出身形来打扰，但今天的事实在忍无可忍，分明是你老婆整理东西时，误放在漆盒里了，怎么冤枉这个小姑娘？”刘按照狐说的一找，果然一点没错，金钏就在那里。于是大为悔恨，后来他当了官，从来不搞刑讯逼供，以免冤枉好人。

还有一家，小孩子玩母亲的绣花鞋，无意丢在了后花园的葡萄架下，结果这家父亲发现后，以为老婆出轨，当作是她偷情时遗下来的，于是痛打妻子，妻子羞愤冤屈下，都有了寻死的念头。狐知道了这个情形，于是到各家乱扔东西，衣服鞋子诸般用具，时不时被抛到庭院之中，这家男主人知道这个事情后，觉得是冤枉了老婆，以为鞋子遗失也是狐狸恶作剧玩耍所致，于是一场灾祸化为乌有。

《阅微草堂笔记》一书，由于多数是真实叙述（有的事情未必亲见，但是真实转述），所以揭露了很多假鬼。像知府唐执玉审一桩杀人案，夜晚秉烛批文件时，突然门外一声惨呼，吓晕一个小丫鬟，再一看，庭院里跪着一个全身赤裸，沾满鲜血的“鬼”，唐知府也不敢靠近，只听“鬼”说：“杀我的不是×××，而是另一个叫×××的人，我沉冤不得雪，无法瞑目啊！”后来唐知府一问该案死者身形衣服，与当时所见的“鬼”相似度极高，于是深信不疑。后来有个聪明师爷问了情况，问道：“鬼怎么走的？”唐知府说：“身形一晃，就跳墙走了。”师爷笑道：“鬼有形无质，怎么会跳墙呢？"后来查验一下，发现有很多泥脚印在墙外，于是判定，这是杀人凶手雇了轻功好的高手扮的假鬼。

再有一例，一个京官的公子，他看到一个美貌人妻，就到人家的家里去私会，没想到这是一个"仙人跳"的局，半夜里她老公回来了，当场勒索了他所有财物，还把他的衣服剥光，扔到坟地里，这个贵公子不好意思说出真相，就说被鬼劫了。

还有一则，说一个叫王恩溥的人，是纪晓岚奶奶的乳母的孙子。有一次夜晚回家，只见月明如昼，一个老头和一群人饮酒，一个少年邀请他入席，但老头却瞪着眼说："你别过来，靠近我们，对你这个活人没好处。"王恩溥吓得抱头鼠窜，回到家，已是上气不接下气。不想过了一段日子，在某家吊丧的时候，又撞见这个老翁，吓得他委顿在地，高呼有鬼。老翁拉起他来说："那天我们一起喝酒，酒已经不多了，再邀你入席，恐怕我就喝不过瘾了，于是开个玩笑逗你玩的。"

小时候看的《不怕鬼的故事》一书，也选了其中不少故事，印象很深的有这样一则故事，说有人在河边走，拾到两大包东西，一包全是人牙，一包全是人的手指甲，他看这东西怪异，就扔到河里，结果一会儿一个老太婆来寻找，没找到就面目狰狞地和他撕打，打斗过程中，老太婆的身体如破革衰纸一样，一碰就裂开，但是马上就能再愈合，虽然老太婆有满血复活的生命值，但没有寻到爪和牙，攻击技术不强，始终打不倒这个人，最后放下一句狠话："少则三月，多则三年，必来勾走你的魂！"然而三年过后，这人也没什么事，可见这个鬼也是大言恐吓而已。连环画上这个老太婆画得十分恐怖，所以小时候好长一段时间看到老太婆就害怕。

《阅微草堂笔记》一书，不只是有鬼狐的故事，也有人的故事，这里面写一个叫椒树的青楼女子，对一位书生情有独钟，这个书生很穷，她就自己倒贴钱，替书生治衣装、谋薪米、凑盘缠。书生对她发誓，将来功成名就，必娶她进门。这个椒树却说：“与其始相欢合，终致仳离，何如各留不尽之情，作长相思哉。”后来这个书生高中金榜，当了这里的县令，但椒树就坚决不见他了。中年之后，椒树年老色衰，日子过得艰难，却从来不去求他。椒树是人非狐，却有歌曲中白狐一样的品格：“爱上你时你正一贫如洗寒窗苦读，离开你时你正金榜题名洞房花烛……”

此外，像曾经选入小学课本的《唐打虎》《河中石兽》这两则故事就是这本书中的。书中也有很多讽刺道学先生的故事，有讲道学三十年的老儒被狐女训斥得“瑟缩不能对”的；有满口仁义的塾师，一面做“辩论性天，剖析理欲，严词正色”的样子，一面暗中谋夺寡妇田产的。只不过纪晓岚身居高位的时候多，受贪官酷吏盘剥欺压的经历少之又少，所以讽刺性远不如《聊斋》。然而，《阅微草堂笔记》足以和《聊斋志异》《子不语》这两本书相媲美，也是一部消闲解闷的好书。

嗜烟嗜肉，嗜色嗜砚

传说纪晓岚是火精下凡，他确实有着超乎一般人的癖好，一是嗜烟，二是嗜肉，三是嗜色。

先说嗜烟——

当年纪晓岚有“纪大锅”之称，现在人们经常称呼他为“纪大烟袋”，以致有一些“童鞋”误以为纪晓岚爱吸大烟，其实他吸的只是普通的烟叶。之所以有这个绰号，是因为他用的烟杆烟锅特别硕大，大烟锅能盛三四两烟叶，可以从他家（虎坊桥附近）一直吸到圆明园。对北京熟悉的朋友都知道，虎坊桥到圆明园，现在就算坐地铁也要将近30—40分钟，纪晓岚那个时代，就算坐马车，也得3个钟头左右吧，这一袋烟，分量还真是不少。

《芝音阁杂记》一书，还记载说，有一次纪晓岚把这个大烟枪给丢了，仆人都十分焦急，四处寻找。纪晓岚却不慌不忙，吩咐下人到东市的旧货摊上去找，果然很快就找到了这个大烟枪，而且售价很低，只花几十文钱就 OK 了。因为纪晓岚心里清楚，这个物件也只有他能用得了，别人烟瘾没这么大，还真消受不起。所以，只能拿到旧货摊上卖，当时也不算文物，也没有人抢购，所以还得贱卖给他。

据说乾隆皇帝本来也嗜烟，但由于后来经常咳嗽，就戒了，并且反对朝臣吸烟。一次纪晓岚正在御书房吸烟，乾隆突然驾到，纪晓岚措手不及，大烟枪一时无处可藏，于是将烟锅塞入靴筒，烟杆附在裤腿上，外面罩上袍子。孰料想，匆忙之间，没有彻底掐灭火种，过了一会儿，死灰复燃，袜子烧着了，把纪大才子痛得龇牙咧嘴，乾隆惊问他为何这般模样，纪晓岚愁眉苦脸地说道："微臣靴子里着火了。"等到皇帝允可后出门脱靴，腿脚的皮肤已经严重烧伤。

后来，皇帝体谅他，特许他办公闲暇时可以破例抽袋烟。

再说嗜肉——

据记载，纪晓岚从来不吃米饭，偶尔吃点面食。最爱吃猪肉，一顿饭能吃十几盘猪肉，然后沏一壶浓茶佐餐。他喝酒也不行，酒量和苏东坡一样的差。请客时，宴席丰盛得很，但纪晓岚只是虚举筷子，让大家吃，自己还是吃猪肉。从养生学上讲，餐餐大肥猪肉，肯定对身体不好，要是纪昀生活在现在，保健医生肯定要批评他这样的做法。但纪晓岚一生这样吃下来，在当年那个落后的医疗条件下，却活到八十二岁高龄。

更为惊人的是嗜色——

采蘅之的《虫鸣漫录》卷二说："纪文达公自言乃野怪转身，以肉为饭，无粒米入口，日御数女。五鼓如朝一次，归寓一次，午间一次，薄暮一次,临卧一次。不可缺者。此外乘兴而幸者,亦往往而有。”

由此可见,纪晓岚性欲旺盛至极,一天竟达五次之多,比一日三餐还多出两回。电视剧《宰相刘罗锅》中,有一个桥段是乾隆赐了两个宫女给刘墉,试试他能不能禁得住美色诱惑,结果刘罗锅没有能守住,“失身”了。其实这个故事原本是纪昀的,编剧给移植了,相传他“一日不御女,则肤欲裂,筋欲抽”。因为他担任《四库全书》的总编辑,要在皇宫内苑中值宿,一连好几天没有碰过女人,于是憋得“两睛暴赤,颧红如火”。乾隆见他这副模样,惊问他得了什么病,纪晓岚倒也实在,原原本本告诉了皇上,于是乾隆找了两个宫女来陪他。工作干完后,皇帝当然不能再要这俩宫女,就赏给了纪晓岚。

在电视剧《铁齿铜牙纪晓岚》中,纪大才子孤落落的,像个鳏夫似的,和杜小月之类的女子谈一些很纯情的恋爱,对于女人的倒追攻势,还挺能把持得住。这种形象,无疑是经过“美颜”效果的。在真实的历史中,陪伴纪晓岚的女人,除了正妻马氏外,比较有名的是郭彩符、沈明玕这两个姬妾。郭彩符在纪晓岚被发配新疆时,就得了病,虽然终于等到了丈夫回来,却没有撑过当年的秋天,死时年仅三十七岁。纪晓岚含泪写下挽诗:“明知神谶曾先定,终惜芙蓉不耐寒。”沈明玕是个江南女子,家世贫寒,她说宁愿做名人妾,不做俗人妻。而且她对生死有特别的领悟,她嫁给纪晓岚后,经常说:“女子当以四十以前死,人犹悼惜。青裙白发,作孤雏腐鼠,吾不愿也。”后来她果然在人生最美丽的时候死去,年仅三十岁。正所谓“彩云易散琉璃碎”,美才女们福寿难全。反而是笨笨的正妻马氏一直陪他到晚年。

嗜砚——

纪晓岚是一个喜欢收藏的人,尤其喜欢砚台。他的书房取名叫“九十九砚斋”,依他的名望和地位,想弄些什么吉林松花、齐都淄石、青州红丝、端溪上品等并不算难。所以,他更看重的是收藏古代名人用过的“文物”。

所以，他收有明代黄汝亨、李东阳等人的旧物，还有不少的宋代古砚，其中有宋代学士郑樵的古砚，是江西乡农淘井时挖得的，上有“夹漈草堂”四字。后来有人转献给纪晓岚。纪晓岚每得一砚，就喜欢在上面写字作铭，比如“曾读人间未见书”“池中砚，砚中矩，智欲圆而行欲方”之类。

不过，纪晓岚虽然一生浸淫在笔墨纸砚之间，但他的书法并不出彩。当然，他写的字比一般人是强多了，在我们这些很少写毛笔字的现代人看来，也是相当不错的，但是在当时，他绝对称不上书法大家。纪晓岚自已也承认，多次说过：“余稍能诗而不能书”“佛法书法两不知，佳处安能一一领”。纪晓岚的弟子也说：“吾师博洽淹通……独不善书。”所以，砚铭上的字多为一个叫伊秉绶的人代他所写。

有故事说和珅请纪晓岚书匾，纪晓岚写了“竹苞”两个大字，和珅一开始很高兴，以为是借用《诗经》中的“如竹苞矣，如松茂矣”一典，后来才知道是暗藏讥讽和家“个个草包”之意。其实，这完全是好事者的附会，且不说，纪晓岚在真实的历史上，不敢与和珅正面对抗，就从纪晓岚书法很“菜”这一点上，这个故事就有很大的漏洞。

嘉庆八年(1803)，纪晓岚已经是八十岁的老人，皇帝派人来颁赐礼品，各路朋友也纷纷道贺，有人送寿联：“万卷编成群玉府，一生修到大罗天。”

然而，纪晓岚却没有飘飘然忘乎所以，他非常谦逊地自撰了一个对联：“浮沉宦海如鸥鸟，生死书丛似蠹鱼。”他说这才是他的写照，但刘墉却说他称不上浮沉宦海，也是，除了乌鲁木齐那个“坎儿”之外，纪晓岚一生仕途还是相当平坦的。

八十二岁时，纪晓岚病逝于家，在清代文人中，纪晓岚嗜烟嗜肉嗜色，却得高寿，据高位，尽享荣华。按《阅微草堂笔记》中的因果报应说法,恐怕也是前世修来的吧。当时有人评价他是“李杜之光焰,燕许之手笔,尽归腕下,裒然一代文宗也”。平心而论,纪晓岚当然比不上李杜,但在清朝也称得上一个相当有分量的文章巨公。

风雪身寒黄仲则

众所周知，唐诗是诗歌史上的顶峰，宋代以词擅长，诗中名句就少了许多。到了清代，诗人甚多而大诗人极少，如果辑出《全清诗》，在数量上肯定超过《全唐诗》很多倍，但真正耐人咀嚼，众口传诵的，却不并多。在词这一领域，纳兰词远追宋贤，而诗句仿佛唐人的，只有黄仲则一人。

清代文人，多数迂腐守旧，诗句也木讷乏味，少有生机。袁枚虽然提倡性灵，但他却不是真性情人，正如郁达夫先生说的那样：

> 黄仲则的诗格，在社会繁荣的乾隆一代之中，实在是特殊得很的，我们但须看看他的许多同时代人的集子，就能明白。他们的才能非不大，学非不博，然而和平敦厚，个个总免不了十足的头巾气味。要想在乾嘉两代的诗人之中，求一些语语沉痛，字字辛酸的真正具有诗人气质的诗，自然非黄仲则莫属了。

正因为有着这样的气质，所以黄仲则笔下才有许多让我们众口传诵的句子："似此星辰非昨夜，为谁风露立中宵""悄立市桥人不识，一星如月看多时""十有九人堪白眼，百无一用是书生"……这些句子，读来有如霜风寒月，不觉浸冷身心。

黄仲则是江苏武进人，自称是北宋文豪黄庭坚的后代，友人翁方纲家里有一张黄庭坚的画像，黄仲则每次见了，都毕恭毕敬地施礼参拜。但是北宋离清代，也已经过去了六七百年，黄庭坚是不是其先祖，也都不重要了，就是面子上好看罢了。

黄仲则的现实家庭，却一点也不顺利，他四岁时，父亲就去世了。在古代，父亲是一个家庭的经济支柱，黄家的经济状况马上就捉襟见肘，穷愁相煎了。好在他的爷爷尚在，见孤儿寡母可怜，于是到了黄仲则七岁那年，就带他去常州居住。黄爷爷当时是县学里的训导，多少也算个芝麻小官。养活黄仲则吃口饭管饱还是没问题的，但过了五年，黄仲则年方十二岁时，黄爷爷又因病过世了。其实，看了诸多古人先辈的例子，少孤贫寒，这都不算什么，闭着眼都能数出一大堆来，像元稹、韩愈、欧阳修、范仲淹，都是早早没了爹的孩子，后来却纡朱曳紫，玉堂富贵。

然而，黄仲则却是终生不遇，至死贫寒，用"咽露秋虫，舞风病鹤"来形容他的状况，可谓是十分贴切。瞿秋白是他的同乡，也感叹道："词人作不得，身世重悲酸。吾乡黄仲则，风雪一家寒。"可叹的是，秋白先生也是三十来岁就寿终了。

前面说过的众多清代才子，除了纳兰公子外，多数都是"歹人"。蒲松龄和郑板桥是大高个的丑汉子，纪晓岚是小矮个的丑汉子，而黄仲则却是"美风仪，立俦人中，望之若鹤"，是一个不折不扣的美男子，既有姿容，又有风度。只可惜，给他安排的命运更加坎坷，寿数更加短促。正如他自己所说："一身堕地来，恨事常八九。"

黄仲则的才华是举世惊叹的，他九岁时，就吟出"江头一夜雨，楼上五更寒"这样的佳句，十六岁于三千人中取童子试第一，但他的功名之路却坎坷万分，多次乡试，连个举人的名分也没有挣得来，正如好友洪亮吉说的那样："如此清才真旷世，谁知一第比登天！"

其实，要是纵观历代文人的科举史，黄仲则的经历，也并不算特别倒霉，且不说蒲松龄一辈子不出头，就是和他同在乾隆年的郑板桥，也是屡败屡战，混到四十岁，才得了个举人，只不过，黄仲则心高气傲，年寿又短，三十五岁就早早去世了。

由于没有功名，加上心比天高，身为下贱，黄仲则的生活自然过得是十分艰难。所以，他的心境常沉浸在一种穷愁风雨之中，例如"风雪衣单知岁晚，江湖酒病与年深""有酒有花翻寂寞，不风不雨倍凄凉""五度客经秋九月，一灯人坐古重阳"，都是他一生岁月的真实写照。

性格决定命运，这在一定的程度上是有道理的。黄仲则过于耿介不阿，我行我素的脾气，让他很难融入社会的关系网之中。

黄仲则曾在湖南布政使王太岳处游幕，王大人其实对他很欣赏，但他这个人"狂傲少谐"，只和一个叫曹以南的人交好，对其他人都是白眼向天，理也不理。好友洪亮吉也曾记述过："君美风仪，立俦人中，望之若鹤，慕与交者争趋就君，君或上视不顾"。对于一般俗人，黄仲则都不拿正眼来瞧。这样的脾性，实在难以混社会啊！

倚才自傲，向来是名士之癖。像黄仲则这样既无家资，又乏亲贵的人，在乾隆年间那个"人情练达即文章"的社会中，处处碰壁，自然就毫不奇怪了。

黄仲则实在是太不合群了。据记载，酒宴间，宾客云集，谈得正高兴时，他却一个不顺心，就板着脸一言不发，"僵立如槁木"，任谁也不理睬。但是，在人们感怀身世，唏嘘不已，想写首诗遣怀抒情的时候，黄仲则却突然跳下台阶，手拿一竹竿，挥舞戏耍，有类顽童，让人哭笑不得。究其原因，很有可能是黄仲则觉得自己不受重视，没有成为这个聚会中的焦点人物，而特意用这种方式来发泄胸中的不满吧。可是在一般人看来，黄仲则就是个狂士，说不好听的，恐怕是有精神病。

对待事业和朋友，黄仲则常常也是意气用事，一言不合就“掰”了。黄仲则与好友洪亮吉曾经同在安徽学政朱筠幕中共事，但因为与同事者议论中不对脾气，心情不好，于是就直接从办公场所跑了出去，到了当铺把衣服当了些钱当路费，坐上船就走了。

《儒林琐记》一书中说他：“狷狭寡谐，与人交，虽暂合，终致乖忤。独与洪亮吉善。”但就是洪亮吉，他一生中的挚友，黄仲则也曾经一言不合，就闹“分手”。

像他这样纵情诗酒，任性行事的文人，自然穷得是两袖“酸”风，一文不名。每到逢年过节时，他的内心就会无比失落。所以每年除夕时，盘点自己一年的劳碌，却不能让家人丰衣足食、大鱼大肉地过个好年，自己的辛酸、愧疚、纠结就泛滥在心间，五味杂陈，有种说不出的难受。于是就有了这样的诗句：

千家笑语漏迟迟，忧患潜从物外知。
悄立市桥人不识，一星如月看多时。

年年此夕费吟呻，儿女灯前窃笑频。
汝辈何知吾自悔，枉抛心力作诗人。

这句“一星如月看多时”，写得真是绝妙，较之他的传世名句“为谁风露立中宵”，可谓更加含蓄有味。人多赏月，罕有赏星者，怅望孤星，呆看多时，其实只是排遣心中岑寂罢了。如此曲笔写出，更加耐人寻味。

由于没有一个稳定的收入来源，黄仲则不得不东游西荡，去谋衣食。正如他笔下所写：“畏寒偏欲冲寒来，我辈谋生不如雁。”对于自己的老母，也是抱愧良多，他的《别老母》一诗，写得十分感人：

搴帷拜母河梁去，白发愁看泪眼枯。

惨惨柴门风雪夜，此时有子不如无。

像黄仲则这种至情至性的人，就是这样，在妻儿饥寒、老母惨别之际，常痛悔自己不争气，不能博得一份功名利禄。但是真正要他委屈自己，对社会上各种权贵势力卑躬屈膝，脂韦求荣时，又绝对是不能忍耐的。他虽然也懂得写下“生成野性文焉用？淡到名心气始平”这样的句子，但却始终改不了这样的磊落性格。

黄仲则的母亲姓屠，也是个明达之人，她深知自己儿子的性格，有人曾经在她面前夸赞黄仲则才气纵横，海内闻名。她听了不喜反忧，和儿子说：“水能载舟，亦能覆舟。才而狂，是益之疾也。”事实证明，黄仲则鹦鹉才高反累身，走的是一条“落魄江湖载酒行”的道路。

他一生崇尚追羡李白，在采石矶李白墓前，他曾经心潮澎湃，写下一首长诗：

太白墓

束发读君诗，今来展君墓。

清风江上洒然来，我欲因之寄微慕。呜呼有才如君不免死，我固知君死非死。

长星落地三千年，此是昆明劫灰耳。高冠岌岌佩陆离，纵横击剑胸中奇。

陶镕屈宋入大雅，挥洒日月成瑰词。当时有君无著处，即今遗躅犹相思。

醒时兀兀醉千首，应是鸿蒙借君手。乾坤无事入怀抱，只有求仙与饮酒。

一生低首唯宣城，墓门正对青山青。风流辉映今犹昔，更有灞桥驴背客。

此间地下真可观，怪底江山总生色。江山终古月明里，醉魄沉沉呼不起。

锦袍画舫寂无人，隐隐歌声绕江水。残膏剩粉洒六合，犹作人间万余子。

与君同时杜拾遗，窆石却在潇湘湄。我昔南行曾访之，衡云惨淡通九嶷。

即论身后归骨地，俨与诗境同分驰。终嫌此老太愤激，我所师者非公谁？

人生百年要行乐，一日千杯苦不足。笑看樵牧语斜阳，死当埋我兹山麓。

这首诗起承转合之间，颇有几分李白诗的神韵，应该说是一首向李白"致敬"的作品。然而，即便是以李白的才情，李白的风姿，在崇尚个性奔放的唐代，他的功名之路也是失败的。而且，太白四处飘荡，有着雄厚的资财作后盾，而黄仲则一味师崇李白，自己又阮囊羞涩，不免四处碰壁，加上身体又不好，拖一个多愁多病的身，不免常如他《病中杂成》中的自况："冻蝇僵壁飞无力，雨露栖松翅倒垂。"

黄仲则对于交际上的天分还不如太白，太白虽然功名之路上也不算成功，但和很多达官贵人都有所交往，其实并不像"梅妻鹤子"的林和靖，丝毫没有"摧眉折腰事权贵"的行迹。但黄仲则对于结交当时的文坛大佬，名门权贵，有一种"叶公好龙"式的情态，既想拜谒他们，得一个青云之阶，又怕自尊受损，所以就有了这样的事情："都中士大夫如翁学士方纲、纪学士昀、温舍人汝适、潘舍人有为、李主事威、冯庶常敏昌，皆奇仲则，仲则亦愿与定交，比贵人招之，拒不往也。”

黄仲则来了北京后，当时的大腕，像翁方纲、纪晓岚、温汝适等人，都对他比较感兴趣，黄仲则一开始也很想和他们交往，但后来别人想见他时，他却推辞不去了。究其原因，黄仲则恐怕是想以布衣之士的身份和这些人平等交往，但这些早有顶戴花翎在身的官僚文人，是不可能降尊纡贵和他做知心朋友的。而且，贫贱的悬殊，也让黄仲则有深深的自卑感，会严重刺伤他的“小心脏”。

像黄仲则这样的浪漫诗人气质，做事情往往是一时冲动就拍板。初来北京时，黄仲则觉得很好混，就做起“一个鸡蛋的家当”式的梦想，夸口说：“人谓长安居不易，误矣。”写信让好友洪亮吉将其一家老小都搬到北京来居住。洪亮吉劝他看看形势，真正安定了再说。但黄仲则却根本不听，洪了解他的脾气，只好千里迢迢地把他的家眷都送到京城来。黄仲则自己又没钱，少不了让洪亮吉掏腰包付路费。

结合其诗集及年谱，可知这一年黄仲则受业于京城王昶及朱筠门下，与诸同道好友皆有过从，生活较平日已为安稳。其年谱言“是先生友朋文酒之乐，此时为极盛也”，但这只是表面。

事实说明，混京城很容易，这只是诗人很傻很天真的想法，长安米贵古今无异。移家到京城没多久，黄仲则即写下《移家来京师》组诗，有句云：“全家如一叶，飘堕朔风前”“长安居不易，莫遣北堂知”“江乡愁米贵，何必异长安。排遣中年易，支持八口难”“贫是吾家物，其如客里何”。诗句明白如话，已勾勒出诗人一家客居京城的窘态。

结果，拖家带口的黄仲则，在北京城里混得更是狼狈不堪。两年后，只好将家属重新送回了老家。这从他写的《都门秋思》一诗中可以清楚地看出：

五剧车声隐若雷，北邙惟见冢千堆。
夕阳劝客登楼去，山色将秋绕郭来。
寒甚更无修竹倚，愁多思买白杨栽。
全家都在风声里，九月衣裳未剪裁。

最后这两句“全家都在风声里，九月衣裳未剪裁”，让江苏老乡，身居高位的毕沅看到后，十分感慨。于是就慷慨解囊，资助了黄仲则五百两银子。在乾隆年间，五百两银子，大约合现在三四十万人民币的购买力，按说能够支撑黄仲则生活一段时间了。《红楼梦》里，刘姥姥说二十两银子就够他们过一年了，黄仲则得到的这些银子，看样子至少能支撑十来年的花销。但是黄仲则并不是个谨慎持重的人，他竟然头脑发热，将钱全部用于买官，按清朝规矩，要捐新官，须停旧职。黄仲则对人际关系又参详不透，结果鸡飞蛋打，新官没到手，旧官也丢了，陷入更加窘迫的境地。

常年的穷苦吟诗，加上纵酒任性，黄仲则的身体健康状况也十分糟糕，他自己在诗集序言中写道：“体羸疲役，年甫二十七耳，气喘喘然有若不能举其躯者。”诗能穷人，诗能杀人，在黄仲则身上不幸又实践了一次。

乾隆四十八年(1783)的春天，正是《四库全书》宣告修成，纪晓岚抽着大烟袋，洋洋自得地看着一册册楸木书函放入圆明园文源阁的时候，黄仲则却客死在山西路途中。

好友洪亮吉赶到时，只见日斜西隅，七尺薄棺陈在空堂，黄仲则的遗物只有一些散乱的书籍和文稿。好友有诗凭吊他：

一代风流绝世词，寒灰历劫仅如斯。
万千著作行行血，三十遭逢处处疵。

永夜龙眠珠吐后，当春蚕死茧缫时。

有才毕竟青衫老，终古诗人得似谁。

《红楼梦》有“字字看来皆是血”之谓，黄仲则的《两当集》，也是字字砚泪血写就。

袁枚也有《哭黄仲则》一首，以示哀悼：

叹息清才一代空，信来江夏丧黄童。

多情真个损年少，好色有谁如《国风》？

半树佛花香易散，九年仙曲韵难终。

伤心珠玉三千首，留与人间唱《恼公》。

《恼公》，是李贺的一首长诗，黄仲则一生崇拜李白，但我觉得他其实融汇混杂了唐朝“三李”的风格，像“太白高高天尺五，宝刀明月共辉光”之类，是有些太白风度，但像“羡尔女牛逢隔岁，为谁风露立多时？心如莲子常含苦，愁似春蚕未断丝”之类，又有李商隐的幽眇悱恻，而“饥来客尚怜穷鸟，痴绝人还笑冻蝇”等凄苦愁病之态，又有些李贺呕血为诗的影子。

诗穷而后工，蚌病成珠，坎坷多难的生涯，造成了黄仲则“乾隆六十年间，论诗者推为第一”的诗坛地位。然而，写每一位才子时，我总是觉得，如果造物主能重新安排命运的话，宁可世间不要这么好的诗句，也愿意让他们少受一些苦难。

写作此文时，我有一次在梦中恍惚见到了黄仲则，他和我未交一语，就飘然而去，而样子正像是郁达夫先生书中描绘的那样：

黄仲则当这青黄互竞的时候，也不改他平常的态度。本来是纤长清瘦的他，又加以久病之余，穿了一件白夹春衫，立在人丛中间，好像是怕被风吹去的样子。清癯的颊上，两点红晕，大约是薄醉的风情。

指摘儒林吴敬梓

前面说过，蒲松龄先生曾经将科举对读书士子们的戕害，刻画得淋漓尽致，什么入场时“白足提篮，似丐”，点名时，“官呵隶骂，似囚”，进入“号舍”后，“孔孔伸头，房房露脚，似秋末之冷蜂”，考得天昏地暗后走出考场，好似“出笼之病鸟”。等着发榜的通知下来，上面没有自己的名字，于是“神情猝变，嗒然若死，则似饵毒之蝇”。

这样神来之笔的妙喻，确实值得我们再三品嚼赞叹。然而，蒲松龄的这些文字毕竟是古文，对于普通群众来说，还不能像《儒林外史》中范进中举的故事那样，给人以深刻的印象，读书人被功名利禄折磨得人不像人、鬼不像鬼的境况，这一本《儒林外史》，算是写尽了。

正像卧闲草堂本的序言中所说：“其书以功名富贵为一篇之骨，有心艳功名而媚人下人者，有倚仗功名富贵而骄人傲人者，有假托无意功名富贵自以为高，被人看破耻笑者……”

堪称是一幅儒林群丑图！

众所周知，这本在中国小说史上别具一格的力作，知识产权不像《金瓶梅》《红楼梦》那样模糊，作者就是出身于儒林世家的吴敬梓。

因为中学语文课文中选有《儒林外史》的内容，这一点大家还是比较熟悉的，但对于吴敬梓的家世和身世，却不见得都知道得很详尽。

吴家打从晚明时起，就科第繁盛，曾祖一辈曾经有兄弟四人，都高中进士，并且还有一人博得“探花”这样的好成绩，所以吴敬梓曾经夸口说:“五十年中,家门鼎盛”“故物惟存于簪笏,旧业不系于貂珰”……吴家当年着实靠读书科举阔过一把!

一直到吴敬梓的爷爷这一辈,势头依旧不衰,同辈中,“斩获”了一个进士、一个榜眼,继续捍卫了吴家科举世家的声誉。不过这只是夕阳晚照的辉煌了,吴氏家族的运气,到此时就用尽了。

到吴敬梓的父辈,就没有值得夸口的了,他的生父吴雯延只是个秀才,嗣父吴霖起也只当过教谕这样的小角色,前辈的风光,已然不在。而此时的吴家,人丁也开始不怎么兴旺了,所以吴敬梓成了家中的宝贝疙瘩,吴霖起将他过继后,他实际上成为吴氏的长房长孙,这在旧时的宗族礼法中,地位是相当尊崇的。

然而,正如唐伯虎一样,年纪轻轻的吴敬梓,也是很早就亲人纷纷亡故,只抛下他一个人。

十三岁时,母亲去世,五年后,生父病故,再过四年,嗣父也走了,又五年多,妻子也早亡。于是孤零零的吴敬梓,离开家乡,去南京客居。平日还好,一到除夕之日,看看别人家家团圆,喜气融融,心中就特别辛酸。有词云:“今年除夕,风雪漫天人作客。三十年来,那得双眉时暂开?”

吴敬梓是个孤傲不羁、自尊心极强的人,他虽然在吴家是长房长孙,但君子可欺以方,吴家各房之间阴险狡诈的人也不少,虽然吴家中道有些败落,但也是“瘦死的骆驼”,还是有油水可分的。吴敬梓很不耐烦这些鸡争鸭斗,加上曾经随着生父在南京住过,于是就有了迁居南京的念头。

对于科举,吴敬梓也是付出过努力的,但十八岁考取秀才之后,就没有能再进一步。二十九岁时,他参加科考,情绪激动之下,竟然当场向主考官跪地哀求,让照顾录取他。要说吴敬梓也真是太不通世故了,这种情形下,主考官当然不能因为他跪地哭求就会答应,不然那参考学子，岂不个个要跪地号哭？于是主考官板起脸，将吴敬梓训斥了一顿，后来给了他一个“文章大好人大怪”的评语，将其黜落了。

所以，对于《儒林外史》一书中写六十多岁的老童生周进，在贡院考场头撞号板，哭得“口里吐出鲜血来”这样的情景，吴敬梓是有亲身体会的，所以他能写得那样深刻，那样传神！

来到曾经有“秦淮八艳”闻名于世的南京，年少风流的吴敬梓没有父母妻子约束，不免沉溺于金粉烟花之地，以排解仕途无望的惆怅。有诗云“迩来愤激恣豪侈，千金一掷买醉酣”，但是对于欢场来说，吴敬梓这样的小鲜肉属于钱多人傻的冤大头，自然是骗他没商量。不多时，吴敬梓就将老家分给他的田产房屋卖得差不多了。

其实，据说吴敬梓本来并不缺钱，他可以分得二万多两银钱的巨额遗产，前面说过刘姥姥二十两银子过一年，吴敬梓要是这样过法，能养活他一千年。就算奢侈一点，下半生过优游岁月也并不难。但吴敬梓纵情挥霍，耽于烟花，竟然转眼间就成了穷光蛋。

有钱男子汉，没钱汉子难，吴敬梓于是像他自己词里写的那样：“金尽床头，壮士逢人面带羞”“奴逃仆散，孤影尚存渴睡汉”。妓院里不再容留他，穷得吴敬梓连笔砚书籍都卖光了，冬天的时候冻得睡不着觉，没有煤和柴来御寒，于是就绕着城墙一路小跑，目的不是为了减肥或锻炼，而是为了“取暖”。所以，有时候吴敬梓也不得不放下贵公子的架子，“闭门种菜，偕佣保杂作”，干起体力活来。

这些消息传到吴敬梓的家乡，吴氏族中，都把他当作败家子的典型来告诫同族子弟，千万不要学吴敬梓这样没出息！

比穷困更让吴敬梓难堪的，是来自儒林中的鄙视，对于没有科举功名的读书人的那种露骨的鄙视。正像《儒林外史》一书中写的那样，但凡有个举人的功名，就鼻孔朝天，拿腔作势，而周进这种六十岁的老童生，还要低声下气地伺候着。一个趾高气扬的王举人，“鸡、鱼、鸭、肉,摆满春台”,独自享用,而周进的饭,只是“一碟老菜叶,一壶热水”,连茶水也没有。第二天,王举人上船去了,“撒了一地的鸡骨头、鸭翅膀、鱼刺、瓜子壳,周进昏头昏脑,扫了一早晨”。

这样的情景,吴敬梓想必也经历过,才有这种真切生动的文字。然而,少时的他,当年还是贵公子的他,是众人眼中的焦点,是多么骄傲和自信。那一年他才十四岁,父亲在赣榆县城为官,他当众写了诗,引来满座的击节赞叹:“齐鲁金泥没,乾坤玉阙开。少年多意气,高阁坐衔杯。”

然而,那样的日子,再也回不去了,他现在只是个人见人踩的落第秀才,穷酸书生!

在这些压力下,吴敬梓也像书中所写的人物一样,有渴切追求功名的愿望。江宁府学教授唐时琳,曾经举荐过吴敬梓去参加“博学鸿词”的应试。但不巧,吴敬梓因病不能成行。之后有很多地方说成是吴敬梓鄙薄功名,托病不试。因为《儒林外史》中有一个叫杜少卿的人物,几乎是作者的影子。他也是出生在“一门三鼎甲,四代六尚书”之族,但是杜家“第一个败类”,正如吴敬梓的身世一般。朝廷征杜少卿出仕时,他装病拒绝,并说:“我做秀才,有了这一场结局,将来乡试也不应,科、岁也不考,逍遥自在,做些自己的事罢!”

所以,不少后人也认为吴敬梓当年是托病不应试。但事实并非如此,吴敬梓当年还是觉得很遗憾的,他有一首诗写道:“相如封禅书,仲舒天人策。夫何采薪忧,遽为连茹厄。”说很是羡慕司马相如、董仲舒他们能得到皇帝的重用,遗憾自己因病没有抓住这次机会。

不过,随着吴敬梓年纪越来越老,性子却越来越倨傲,有了“时过无心求富贵,身闲不梦见公卿”的理念,当他五十岁时,乾隆下江南,地方官在南京征召文士迎銮献诗,吴敬梓就“企脚南卧向栩床”,谁爱去谁去,再也不搭理这些权贵们了。可以说,吴敬梓最终是实现了他书中所写的志向。

当然,迫于衣食,吴敬梓也不得不四处求助,结交了一些扬州盐商及官绅。扬州盐商也不全是低俗难耐的土豪,也有一些风雅的。比如盐商中的程晋芳,就曾经对他大力资助,并给他写了《文木先生传》一文,像寒夜跑步暖足那样的轶事,正是出自此文。文中还记载道:

> 余生平交友,莫贫于敏轩(吴敬梓)。抵淮访余,检其橐,笔砚都无。余曰:此吾辈所倚以生,可暂离耶?敏轩笑曰:吾胸中自有笔墨,不烦是也。其流风余韵,足以掩映一时。

这段文字,十分传神地描绘出吴敬梓的小像,两个特点:一是贫,穷得连笔砚也没有;二是傲,自言胸中藏笔墨。而且,程晋芳应该是《儒林外史》的热心读者,说不定还是第一读者,在吴敬梓死后,他题诗叹道:"外史记儒林,刻画何工妍!吾为斯人悲,竟以稗史传。"

当然,在当时,吴敬梓所写的这本小说,是很不为世人所看重的。之所以有很多小说作者是"隐身"写作,正是因为写小说在当时不是一件光彩的事情。吴敬梓生前,也不以《儒林外史》为事业,只是作为排遣罢了。他也不怎么好意思拿这事夸口。

可能有人说,那纪晓岚不也写小说类的《阅微草堂笔记》吗?这还是身份不同的原因,纪晓岚是文坛大佬,朝堂显贵,写写这类文字,算是游戏。而吴敬梓毫无功名,只写小说,那就不一样了。就像一个亿万富豪,偶尔骑一破旧自行车去赴会,那叫有性格,但如果你是买不起车的主儿,天天骑破自行车,就只能算 loser 了。

吴敬梓还依附过扬州盐商的总头目——两淮盐运使卢见曾。这个名字想必大家觉得有些熟悉了,乾隆时代的著名文人,几乎都和他有所交集。袁枚频频在《随园诗话》中提到他,郑板桥也是他的座上客,而纪晓岚是他的儿女亲家,还因为他的事,犯了罪给发配新疆,而吴敬梓也投靠过他,最后的丧葬费都是这个卢见曾掏的腰包。

不过,吴敬梓当年应该是卢见曾堂前地位最为卑微的一个,袁枚是随园主人,大财主,地位和名望极高,前面说过有安姓富豪,刻了一部书,以两千两白银的价格请袁枚题跋,袁枚仅书二十二字给他,就交差了。郑板桥是书画大家,“凡王公大人,卿士大夫,骚人词伯,山中老僧,黄冠炼客,得其一片纸只字书,皆珍惜藏庋”,自然也是众人高接远迎的主儿,人家纪晓岚是亲家,更没法比,吴敬梓更结交不上。

现有资料找不到郑板桥和吴敬梓相交的记载,看来郑板桥当年也并不在意这个坐在角落里的寒酸穷儒。郑板桥对于小说,有一种偏见,他曾说:“更有小说家言,各种传奇恶曲,及打油诗词,亦复寓目不忘,如破烂厨柜,臭油坏酱,悉贮其中,其龌龊亦耐不得。”所以郑板桥生平是没有小说之作的。

吴敬梓虽然在这些人中年岁最大,却并不受尊重。有道是“不信但看筵中酒,杯杯先敬有钱人”,正如他写的《儒林外史》中,众人奚落周进时那样:“童生进了学,不怕十几岁,也称为老友,若是不进学,就到八十岁,也还称小友……”

正是有这样的巨大反差,当时的读书人,对于功名,都像范进一样,有如痴如狂的追求。为之疯、为之狂、为之痴、为之死!

长期的贫病愁苦,严重摧残了吴敬梓的身体。乾隆十九年(1754)的寒冬腊月,吴敬梓醉酒后,“痰涌气促”,突然离世,年仅五十三岁。

当年器重吴敬梓的学官唐时琳曾经劝他:“古人不得志于今,必有所传于后。吾子研究六籍之文,发为光怪,俾后人收而宝之,又奚让乎历金门、上玉堂者哉!且士得与知于当代巨公大儒,虽久困草茅,窃恐庙堂珥笔之君子,有不及子之著名者矣。由此言之,未可谓之不遇也。”

确实，当年那些所谓的科甲高第们，早已“尔曹身与名俱灭”，而吴敬梓却凭借这本《儒林外史》，如“不废江河万古流”！

《儒林外史》是一本讽刺小说，其实比《聊斋志异》更具讽刺性，更有现实感，只不过它主要着眼于读书人，正如鲁迅先生所说，“秉持公心，指擿时弊，机锋所向，尤在士林”，活脱脱画出一干文坛丑类的众生相。曾朴的《孽海花》，就是受其影响之作，钱钟书先生的《围城》，应该也是承接了《儒林外史》的余脉。

《儒林外史》中，已经具备了新时代小说中的描写特点，我们知道，在古代小说中，人物的肖像往往是脸谱化的，写书生就是“面如冠玉、唇若涂脂”，写武将就是“虎背熊腰、体壮如牛”，而这本小说中，写人物不再是这样的，而是真实、写实，比如写一个叫夏总甲的人，就是：“两只红眼边，一副锅铁脸，几根黄胡子，歪戴着瓦楞帽，身上青布衣服就如油篓一般，手里拿着一根赶驴子的鞭子，走进门来，和众人一拱手，一屁股就坐在上席。”像这样的文字，已经非常贴近现代小说中的描写了。

虽然在此之前，《三国演义》《西游记》《水浒传》《金瓶梅》这四大奇书早已问世，但却从没有诞生过如此精致传神、刻画细微的讽刺小说，这在中国小说史上是一个创举，就凭这一点，吴敬梓足以不朽！

疾呼风雷龚自珍

“九州生气恃风雷，万马齐喑究可哀。我劝天公重抖擞，不拘一格降人才。”这首诗，我们小时候可能就背过，但是当时却不能透彻地理解，这首诗在清代那个文网酷密、压抑沉闷的时代唱出来，不啻一道凌厉的闪电，撕破了暗夜的乌云，让死气沉沉、昏睡在危楼漏船中的人们睁开眼来，看看这要坍塌了的世界！

这个狂放而大胆的人，就是清代著名的大诗人、大才子，甚至可以称得上是思想家的龚自珍。

说起龚自珍，由于在中小学课本也算是常客，所以对他不算太陌生。他的《病梅馆记》一文，在今天仍然有着警示意义，凭借自己的喜好或者世俗的理念，就压抑摧残一些本该自然健康的事物，天下病梅，依然有之！

放学花前，题诗石上

和袁枚一样，龚自珍也是浙江杭州的才子。龚家可谓是世代书香，从元末明初就住在这里，所以龚自珍曾经骄傲地说“家住钱塘四百春”，他的父亲高中过进士，官至礼部主事、江苏按察使等。他的母亲是清代著名学者段玉裁的女儿，也是一位闺中才女，所以龚自珍遗传基因优秀，家庭环境又好，自然是早识笔墨，熟谙诗文。

和那些少年苦读，备感辛酸的才子们不同，龚自珍早年时光还是挺温馨惬意的。这主要是他有一个温柔聪慧的好母亲。直到成年后，他还经常回忆，黄昏之时，就偎依在母亲的身边，听着小巷寒风里的叫卖声，听母亲给他读唐诗宋词、韩柳古文，然后暖暖地、甜甜地入睡。所以他后来有诗道："凄迷生我处，宛转梦中寻。"另外，母亲经常给他读清初才子吴伟业的《梅村集》，成年后他外出游历，每吟诵起吴梅村的诗，就思念起母亲。由此可见，龚自珍是个心思细腻、多愁善感的人。

都说"人生识字忧患始"，但龚自珍入学后，却没有太多的烦恼，因为他的记性特别好，塾师教的功课，对他来说很轻松，学烦了后，就逃出课堂，四处闲逛。他家附近有一座法源寺，旁边有一片竹林。龚自珍就经常逃到这里来玩，他的叔外公，也就是段玉裁的弟弟段玉立，就经常过来找他。不过段玉立虽然年老辈分高，但一点也不严肃，并不板着脸孔吼人，而是像周伯通一样有一颗童心，龚自珍也不怎么害怕他，见他来"捉"自己，就在竹林里东跑西藏，一老一少似乎是玩起了捉迷藏的游戏。庙里的和尚开玩笑，把他们称为"一猿一鹤"，猿指龚自珍，小孩子猴子一样乱蹦乱跳，鹤当然是段玉立了，这位老人身形瘦长，又满头白发，所谓"鹤发童心"是也。

由此可见，龚自珍的早年所受禁锢压抑不多，而且指点他的又是当世的文豪大家，所以才造就了这样一位放诞无忌、文采四溢，在清朝难得一见的大才子。近代南社诗人柳亚子先生，曾推崇他为"三百年来第一流"，此言甚当。

双负琴心与剑名

虽然龚自珍才气纵横，连外公段玉裁都惊叹他的文章为"银碗盛雪，明月藏鹭”，并叹道：“见此才而死，吾不恨矣。”但是他文字中的锋芒，也经常刺痛一些因循守旧的腐儒。他二十六岁时曾写了本集子，称为《伫泣亭文》，送给当时的一位学者王芑孙看。王芑孙看了大跌眼镜，因为书中几乎全是激愤之语，是他这样“规规矩矩做人”的老儒不敢想象的，于是这王老儒边看边摇头，给龚自珍批道：“……至于诗中伤时之语，骂坐之言，涉目皆是，此大不可也。”

像王芑孙这样习惯了“多磕头，少说话”，只会应声虫一样附和颂圣，不敢散布“负能量”言论的人，自然对龚自珍敢于大声疾呼、针砭时弊的做法和精神看不惯了。所以他看到龚自珍笔下竟然指责当时的社会“痹痨之疾，殆于痈疽，将萎之华，惨于槁木”，不禁又惊又怕，不敢赞同。

王芑孙如此，当时把持科举的考官，多半也是如此，于是龚自珍的科举之路并不顺利。虽然早早就成了举人，但进士的功名却一直没有能摘取。八年中连续五次参加会试，每次都铩羽而归。在第五次考试中，他和《海国图志》的作者魏源，一起下的考场，当时的阅卷人叫刘逢禄，这个人还是挺有眼光和良心的，看了龚、魏二人的卷子后大加赞赏，但是在当时科考昏暗腐败的环境下，主考官愣是黜落了这两人，将自己的亲旧子弟刷上榜。由此可见，当时的清代社会，成了劣币驱逐良币的“逆淘汰”社会，杰出人才被埋没不用，一些又昏又贪的赃官庸官把持朝政。正如龚自珍诗中所说：“委蛇貌托养元气，所惜内少肝与肠。”也就是说，这些家伙口称颐养元气，实际上就是一些少肝没肺，对国家大事、民生疾苦漠然视之的蠢货废物。

直到道光九年(1829)，三十八岁的龚自珍才终于考中进士。当年的试题名为“安边绥远疏”，这对于龚自珍来说，可谓正中下怀，于是他洋洋洒洒，写了一大篇犀利深刻、有卓识远见之文。十年之后，龚自珍还十分自豪地回忆道:“霜毫掷罢倚天寒,任作淋漓淡墨看。”然而,嫉恨他的朝臣却无视这篇充满奇谋妙计的策书,却以他的书法不佳为由,将他排斥出优等之列。这样,龚自珍就丧失了进入翰林院和军机处的机会。

其实,就算是龚自珍接触到权力中枢,恐怕也无力推行他的理想和抱负,当时的朝政已经是极度的黑暗腐败,就连嘉庆皇帝都亲自写诗骂这些大臣:“内外诸臣尽紫袍,何人肯与朕分劳?玉杯饮尽千家血,银烛烧残百姓膏。天泪落时人泪落,歌声高处哭声高。平时漫说君恩重,辜负君恩是尔曹!”但是骂归骂,大臣们还是该贪就贪,该懒就懒,冰冻三尺非一日之寒,这时的积弊就有如一座垃圾山,是短时间扫除不尽的。

民族英雄林则徐是龚自珍的朋友,他南去广州禁烟时,龚自珍曾有诗道:“故人横海拜将军,侧立南天未蒇勋。我有阴符三百字,蜡丸难寄惜雄文。”并赠给林则徐一块刻有“快雪时晴”的端砚。最近我看到网上有一篇诋毁龚自珍的文章,其他事情也还罢了,但这人说林则徐当时是朝中重臣,龚自珍只是闲职小官,他写的东西,林则徐指不定没有看过呢!这就是信口开河,想怎么黑就怎么黑了。林则徐早就和龚自珍的父亲熟识,和龚自珍交情也不错,上面说过的那块砚台,林则徐一直带在身边,就算是贬戍伊犁时,也没有丢下。并写诗铭于砚后道:“定庵贻我时晴砚,相随曾出玉门关。龙沙万里交游少,风雪天山共往还。”所以,质疑林、龚并无交情的人,可以休矣。

可想而知,龚自珍就算是像林则徐一样当上朝堂的重臣,也无缘按照他的理想来实现政治抱负,依然要“绝域从军计惘然,东南幽恨满词笺”。依他的性格,说不定得祸更速!

龚自珍眼前理想渐渐破灭,于是十分郁闷地把自家大门命名为

“积思之门”;把自己的卧室名为“寡欢之府”;又在自己的书桌题了四个字:“多愤之木”。

无奈之余,龚自珍只好把一腔不平之气,都倾泻在诗词文章之中。《还珠格格》里塑造了一个叫“箫剑”的人物,其实最爱用“箫剑”两字的诗人,非龚自珍莫属。他曾经有一首词,其中有“怨去吹箫,狂来说剑,两样消魂味”,流露出对箫和剑的钟爱。

箫,是他的诗情与幽怨,剑是他的壮志与豪情。所以他的诗词中屡见这两字,如:

来何汹涌须挥剑,去向缠绵可付箫……

气寒西北何人剑,声满东南几处箫……

按剑因谁怒,寻箫思不堪……

一箫一剑平生意,负尽狂名十五年……

才也纵横,泪也纵横,双负箫心与剑名……

少年击剑更吹箫,剑气箫心一例消……

岁月的无情折磨,现实的坎坷,让龚自珍终于明白,他一生的卓绝才气和济世为民的抱负,是无法实现了,正所谓“纵使文章惊海内,纸上苍生而已”,这不能不让龚自珍无比失落。然而,正如他诗中所写:“落红不是无情物,化作春泥更护花。”他诗文中那些大声疾呼,打破思想牢笼、文字桎梏,呼唤新时代清新之风的理念,影响了一大批人。梁启超先生曾经说:“晚清思想之解放,自珍确有功焉……初读《定庵文集》,若受电然。”

正是由于龚自珍的思想电击,这些昏睡百年的世人才警醒过来,正视神州陆沉的危难局面!

丁香花发一低徊

龚自珍性情孤傲,又不愿意走门路,所以一直屈居下僚,到了四十三岁,才混了个宗人府主事这样的六品官。现在人们一听“宗人府”这个名字,往往就联系到影视剧上皇帝龙颜大怒,把某某嫔妃或者阿哥交到宗人府之类,于是对这个机构的印象,就等同于监牢之类的暴力机关。其实,处罚皇室亲族只是宗人府职能的一个方面,最日常的工作是掌管皇帝九族的宗族名册,按时撰写帝王族谱,记录宗室子女嫡庶、名字、封号、世袭爵位、生死时间、婚嫁、谥号、安葬的事,并且转达宗室向皇帝的请求及报告,记录其罪责过失,管理宗室内部诸事,等等,相当于一个皇家的人事处。

按规矩,主管宗人府的一把手必须得是王爷。当时的主管是乾隆第五子永琪(就是电视剧《还珠格格》中永琪的原型)之孙,也就是绵亿之子——贝勒奕绘。

奕绘是个喜欢舞文弄墨的人,王爷中的文学爱好者。加上又经常要有工作上的事务联系,于是龚自珍就经常出入王府,如此一来,竟然和王爷的爱妾顾太清有了瓜田李下、说不清道不明的关系。

顾太清也是个身世很具传奇性的女子,她名春,字梅仙,号太清,又号云槎外史。有人说她原来应该姓西林觉罗,满洲镶蓝旗人,是内大臣鄂尔泰的曾孙女,因其祖父鄂昌受胡中藻文字狱牵连被赐自尽,所以流落南方。后来就以“二等护卫顾文星女呈报宗人府”,于是就姓顾了。其实这一说法,也有很多的疑云:既然费尽心机改换身份保密,怎么还弄得沸沸扬扬,人人都知?再说鄂昌文字案是乾隆年间的事,现在都是五十多年之后的嘉庆年间了,应该没有人清算老账了。

所以,有人怀疑,其中是戏中有戏。顾太清幼年一直就是在江南长大的，早年的经历，她也一直讳莫如深，也许她本来就是江南的歌伎，也不是满人，奕绘为了掩人耳目，好给她一个比较堂正的名分，才费了这番苦心。我们看前面说过的事例，纳兰容若喜欢的江南女子沈宛，明珠府上就容不下她，连个妾的名分也不给。而顾太清有了“西林春”这个执照，进王府做妾，还有点屈尊了呢。

顾太清精通诗词，也是喜欢炫美的人，徐珂《近词丛话》中说“太清尝与贝勒雪中并辔游西山，作内家妆束，披红斗篷，于马上拨铁琵琶，手洁白如玉，见者咸谓为王嫱重生也”。看来当时顾太清在京城里也是很出风头的。

而龚自珍也是风流品性，他曾有诗道：“何日冥鸿踪迹遂，美人经卷葬华年。”这里插一笔，说说他的几个女人缘。第一任妻子是其表妹段美贞，也就是他的外公段玉裁的孙女，虽然现在看起来属于近亲结婚，但在古时，亲上加亲是惯常做法。

新婚之后，这一对少年夫妻经常徜徉在西湖之畔，荷香阵阵，波光闪闪，当时龚自珍有《湘月》一词：

> 天风吹我，堕湖山一角，果然清丽。曾是东华生小客，回首苍茫无际。屠狗功名，雕龙文卷，岂是平生意？乡亲苏小，定应笑我非计。　　才见一抹斜阳，半堤香草，顿惹清愁起。罗袜音尘何处觅？渺渺予怀孤寄。怨去吹箫，狂来说剑，两样消魂味。两般春梦，橹声荡入云水。

然而，“大都好物不坚牢，彩云易散琉璃碎”，就在龚自珍进京赴试时，段美贞在家中因庸医误诊，早早地香消玉殒了。当时信息不通，等落第归来的龚自珍进门时，迎接他的不是娇妻的温软言语，而是一具黑漆漆的棺木。

1839年，当龚自珍的生命只剩下最后两年的时候，他来到西湖边，叹道：

女儿魂魄完复完，湖山秀气还复还。

炉香瓶卉残复残，他生重见艰复艰。

当然，龚自珍作为男人，也不可能守节一生，两年后，他就又迎娶了安徽池州知府的小姐何吉云。何小姐也是书香门第，识文断字，更写得一笔好字，比龚自珍的字强多了，老龚因为字写得不好，落选翰林院，这是他的终身恨事。所以每次听到有人说到某某翰林如何如何时，他就立即嗤之以鼻，拿出妻子何吉云的笔帖说："如今的翰林算老几？我家的女人，都写得一手馆阁体。"

这件事后来被演绎了，有个叫易宗夔的在《新世说》一书"忿狷"篇里说："龚定庵生平不喜书，以是不能入翰林。既成贡士，改官部曹，则大恨，乃做《千禄新书》，以刺其政，凡其女、其媳、其妾、其宠婢，悉心学馆阁书。客有言及某翰林者，定庵必哂曰：'今日之翰林，犹足道耶？我家妇人无一不可入翰林者。'以其工书法也。"

要说龚家烧火丫鬟也馆阁体高段，可能有点太夸张了，但何吉云的书法很好，应该不假。

不过何吉云虽然很优秀，但龚自珍称不上是个好丈夫，他虽然是个爱国者，思想先进，但同时却又有酗酒、宿娼、赌博等坏毛病，以致家贫如洗，逼得贤妻何吉云不得不登邻居之门求贷。

其实龚自珍并不是凤凰男，甚至算得上富二代，其父龚丽正当时还健在，担任过安徽徽州、安庆的知府，后来还擢升为江南苏松太兵备道，手握东南富庶之地的大权，按说是穷不着的。但龚自珍嫖赌成性，又很容易上当受骗，买一些假古董，比如有人拿了一个玉印，骗他说是西汉时赵飞燕所用，他竟然如获至宝，花了七百多两银子买下。

《事林广记》上有一则笑话，说有一个书生，酷好古物，于是一天一个文物骗子拿着一张破席登门说："昔鲁哀公命席以问孔子，此孔子所坐之席。"这人一听，大喜过望，以为捞到宝了，于是把自己家的田地都抵给他，换了张破席。没几天，又有人持一根破拐棍说"此乃太王避狄，杖策去豳时所操之棰也"，又说："周文王的祖父比孔子要早好多年吧，你用什么来换？"这人于是倾其家中所有的金银买了它。后来又有人持朽烂的木碗一只，说："你的席子与木杖都算不上古物，我这碗是夏桀所造，比周朝的东西早多了。"书生也不疑有诈，就把住着的宅子腾出来给了他，换了这只碗。这三件"宝贝"有了，但自己已是倾家荡产，衣食无着。于是只好披着"哀公之席"，拄着"太王之杖"，手拿"夏桀之碗"，在街上要饭了。

故事有些夸张，但龚自珍败家收古董的做法，只是五十步和百步之别。

另外，龚自珍还是个不安分的人，四处拈花惹草是少不了的，造下情孽重重。且不说年近半百时还和淮安妓女灵箫打得火热，尤其有点不厚道的是，他连自己家中的"灶下婢"也给染指了，还生下一个女儿叫阿莼。这个烧火丫头生下孩子后，随即就死去了，龚自珍竟然一点同情心也没有，提到人家就冷冷地说"已死"，依然是用"灶婢"这样的称谓。不过她的女儿阿莼后来命运还不错，嫁给了有"安富尊荣公府第，文章道德圣人家"的孔氏子弟。

好了，回头来说这个招灾惹祸的"丁香花案"。

龚自珍在宗人府干了三年后，也就是1838年，年仅四十岁的奕绘王爷死了，顾太清成了寡妇。龚自珍依旧经常出入于王府，这也罢了，但是他还写有这样的一首诗：

己亥杂诗

空山徒倚倦游身，梦见城西阆苑春。

一骑传笺朱邸晚，临风递与缟衣人。

这首诗后面还有一句小注：“忆宣武门内太平湖之丁香花。”太平湖畔这个地方，距贝勒王府不远，此处有一片茂密的丁香树，龚自珍常流连其间，这事本身就惹人猜疑。诗中“缟衣人”字样，更是暧昧。住在“朱邸”王府之中，又常着一身白衣裙的有谁，不正是顾太清吗？她与龚自珍是诗友，龚氏写了这首“情诗”给她还有错吗？

顾太清也有意味深长的“集句诗”：

肠断魂梦两沉沉，只愿君心似我心。

已被色香撩病思，便愁云雨又难禁。

歌尽阳关不忍分，更无留影霎时云。

青笺后约无凭据，日日思君不见君！

而且龚自珍还写了一阕记梦的词：

桂殿秋

明月外，净红尘，蓬莱幽谧四无邻。九霄一脉银河水，流过红墙不见人。　　惊觉后，月华浓，天风已度五更钟。此生欲问光明殿，知隔朱扉几万重。

好事之徒读完这首词后，两眼放光，编排说是找到了龚、顾二人幽会的证据，说这首词正是描写二人私会偷欢。于是人们沸沸扬扬，都传着顾太清的绯闻。这流言蜚语铺天盖地而来，当时，奕绘和妙华夫人所生的儿子载钧承袭了爵位，他和顾太清的关系，就像是贾宝玉和赵姨娘，哪里有什么好印象，于是就借此事鼓动他奶奶，也就是顾太清的婆婆下令将她们母子赶出了王府。离开了朱门豪第的顾太清，只好在西城养马营购买了一处房子（当时的北京房价还不怎么贵），靠变卖金银首饰度日。

对于龚自珍，载钧扬言要"料理"了他。1839年四月二十三日，龚自珍可能是听到有人要下手杀他的消息，于是扔下老婆孩子，也没有带仆人，雇了两辆车，自己坐一辆，另一辆拉着他的书籍文稿，于黄昏时分，出京城南下而去。

龚自珍走得这样仓皇，定然是发生了异常的事情。龚氏祖孙三代在京为官，他自己在北京也住了大半辈子，按理不应该这样说走就走的。龚自珍自己曾写下"罡风力大簸春魂"，似乎隐晦地说明了这件事。

另外可引以为证的是，自此以后，龚自珍竟然不敢再踏进京城半步，躲了一阵风头后，他北上迎接眷属，到了河北任丘，就止步不前，派了一个仆人回家去送信。儿子回信说，家中东西太多，要求父亲再靠近一点，结果龚自珍只敢来到雄县，又过了一阵，才走到离北京一百多里的固安。

对于这桩"丁香花疑案"，有不少人持否定态度，像启功、孟森等就提出很多的质疑，因为这件事，最早是冒广生说从他外公那里听来的，启功就斥问："何从而目遇"？——你是真看着了吗？这有点不讲理了，历史的事，谁也不能真见着不是？而孟森考证出来，奕绘已于前一年去世，就提出"何以寻仇"的观点，但奕绘已死，无法寻仇，不代表王府中其他的人像载钧这样的不寻仇，又说："太清亦已老而寡，定公年已四十八，俱非清狂荡检之时。"这也不能站住脚，顾太清四十出头是不假,但他们也不是七老八十的年纪,出轨的能力还是有的。

依我的看法,龚自珍和顾太清之间还是“有事”,但到什么程度,应该不好说,也许只是精神上的暧昧,并无身体上的出轨,但对男女之事,人们总是习惯往深处想,想象只有越离谱越痛快。正如鲁迅所言:“一见短袖子,立刻想到白胳膊,立刻想到全裸体,立刻想到生殖器,立刻想到性交,立刻想到杂交,立刻想到私生子。中国人的想象惟在这一层能够如此跃进。”

不过,这一场“花案”,确实给龚自珍和顾太清带来了巨大影响,龚自珍亡命天涯,虽然收获了晚清文学史上的力作——多达三百一十五首的《己亥杂诗》,像“九州生气恃风雷”“落红不是无情物”等名句,都是出自其中。但他从此流离在外,不敢再踏进京城,两年后,还是暴卒于江苏丹阳。据传,还是被王府中的载钧派人毒杀。

顾太清也因此过了十几年贫穷的生活,但她心态很好,不怒不怨,她说:“一番磨炼一重关,悟到无生心自闲。”到了最后,终于迎来了转机,当顾太清五十九岁时,载钧一病呜呼,这个心胸狭窄之人竟然没有一个儿子,所以就只好由顾太清所生的载钊之子溥楣继嗣,袭镇国公,作为老奶奶的顾太清自然风风光光地又回到王府。

江天如墨我飞还

近年来,网络上不少人取了很多骇人听闻的题目,对龚自珍“风流惹祸”的事情大肆渲染,并且将其子龚橙的种种“卖国”行为也添油加醋。龚自珍的儿子龚橙确实狂放不羁,他外号“龚半伦”,因为人间五伦是君臣、父子、夫妇、兄弟、朋友,他统统不在乎,只爱小妾,连夫妇这一伦也称不上,所以叫“半伦”。

这人对其父龚自珍的文稿也十分轻视,一点也不尊重,他经常把父亲的牌位放在桌上，看到文字不佳时，就用手中竹鞭像打学童一样抽一下牌位，叱道：“这句不通，这字不通，也就是你是我父亲，才给你改改，不让你出乖露丑欺蒙后人！”

其实，这倒也称不上是“不肖子”，龚自珍生前，就经常骂其叔文字不通，其父文稿半通。不过龚半伦后来投靠了英国人威妥玛，成为第一代汉奸翻译官，后来据说英军火烧圆明园时，也是他给“带的路”，不免给有爱国者之称的龚自珍抹了一大把黑。

然而，尽管有这诸多的白玉之瑕，龚自珍还是十分值得我们尊重的，在当年那个风雨飘摇、暗夜如磐的时代，龚自珍挺身疾呼风雷，他的诗中十分喜爱用“风雷”两字：“九州生气恃风雷”“高吟肺腑走风雷”“眼前二万里风雷”“中有风雷老将心”……他呼唤沉寂已久的昂扬精神，正如在北方寒冬雾霾沉沉的日子里，人们是多么渴望有一场呼啸而来的浩荡长风，吹散这些污浊肮脏，唤出湛湛蓝天和瞳瞳红日！

龚自珍有诗：“古愁莽莽不可说，化作飞仙忽奇阔。江天如墨我飞还，折梅不畏蛟龙夺。”

在龚自珍的影响下，很多文人也不再只沉闷于故纸中考证，也开始“讥切时政，诋排专制”了，有道是“近数十年来，士大夫诵史鉴，考掌故，慷慨论天下事，其风气实定公开之”，越来越多的人挺身而出，倡言变革，冲破藩篱，追求思想启蒙，个性解放。

对于语文课本中收入的文章，因为年纪轻的原因，总是像猪八戒吃人参果，嚼不出滋味来，即便是当年就酷爱文学的我，也经常是漫不经心地读过，如今重新翻出来，惊讶这篇《病梅馆记》，竟然是如此之短：

江宁之龙蟠，苏州之邓尉，杭州之西溪，皆产梅。或曰：“梅以曲为美，直则无姿；以欹为美，正则无景；以疏为美，密则无态。”固也。此文人画士，心知其意，未可明诏大号以绳天下之梅也；又不可以使天下之民斫直，删密，锄正，以夭梅病梅为业以求钱也。梅之欹之疏之曲，又非蠢蠢求钱之民能以其智力为也。有以文人画士孤癖之隐明告鬻梅者，斫其正，养其旁条，删其密，夭其稚枝，锄其直，遏其生气，以求重价，而江浙之梅皆病。文人画士之祸之烈至此哉！

予购三百盆，皆病者，无一完者。既泣之三日，乃誓疗之：纵之顺之，毁其盆，悉埋于地，解其棕缚；以五年为期，必复之全之。予本非文人画士，甘受诟厉，辟病梅之馆以贮之。

呜呼！安得使予多暇日，又多闲田，以广贮江宁、杭州、苏州之病梅，穷予生之光阴以疗梅也哉！

然而，这文字又是如此的沉痛，文中所谓“文人画士”，没有实力“明诏大号”来戕害人才，但很多情况下却是有不少的权力机关可以明令“天下之民”公开地、合法地来扭曲人才，将之“改造”成他们需要的样子的。想想这些事，用句现在的网络用语，可以说是“细思极恐”了吧。

龚自珍的去世，是在 1841 年，从这一年开始，中国的历史就进入了近代史的阶段，此后的中国，在东西方文化的洪流交汇碰撞中，开始了巨大的变化。传统的时代已经结束，帝王将相、诗赋文章，渐渐暗淡出历史的天空，离开生活的舞台，成为博物馆中的收藏。

所以，我这个从唐代写起的才子系列，到这里，就要做一个了结了。行笔到此，不禁唏嘘，还是用龚自珍的一首诗，来抒一下胸臆吧：

子云壮岁雕虫感，掷向洪流付太虚。
从此不挥闲翰墨，男儿当注壁中书。

霜毫掷罢倚天寒

（后记）

冬至日，沉沉雾霭中，写完本书的最后一个字。

岁暮的寒风里，是一个适合盘点时光的日子，一页页日历撕去，已经薄到无法垫软冰冷坚硬的墙壁，突然清晰地意识到这一年又即将结束。如今，和少年时的心境已经大不相同，来不及企盼新春的气息，早梅的消息，只盼鲁戈挥日，挽住这悄然远去的流金岁月。

十二年前，也是在冬至日，我正在写第一部书稿的后记，心情是那样的萧瑟和寥落，一如伸向北方苍白天空中的老树枯枝。我当时写道："好多的梦想也一个个地破灭，于是我手中剩下的是越来越多的萧瑟。有时候觉得自己就像希腊神话中的西西弗斯，好不容易把大石头滚到山顶，命运之神又让石头从山上滚下，如此周而复始。然而相比我来说，西西弗斯甚至更幸运些，因为他有无穷的力量和无尽的时间，而我，究竟还会有多少的时间和勇气再推着我的梦想和希望上山来呢？"

而如今，我对文学执着追求的梦想可以说已经基本上实现了，从此后，我的心有了归宿，变得坚定而沉稳，四季仍旧在无声地轮回，然而，我终于可以自信地说："这似水的光阴，并非是徒然流逝而过。"

无数个日日夜夜枯守着陈篇蠹鱼，终于有了这几百万摆上书架的文字。贾岛每至除夕，必取一岁所作置几上，焚香再拜，酹酒祝曰："此吾终年苦心也。”此时，我也逐一抚摸着它们，不禁泪眼盈盈，它们承载着这一纪光阴中的记忆。

十二年了，从风华正茂变得鬓有二毛，书海犹如天台仙境，浑不知流年暗换。现在才突然惊觉，我的青春小鸟，就这样一去不回来了。

十二年了，我写千家诗时说起的梧桐树没有了，写百花诗时讲过的庭中紫薇也不见了，写唐人仕途时提到丝帘般的藤萝也消失了，院子中的诸般草虫，憨实可爱的大白狗，都成了过去的记忆。因为我的院子拆迁了，现在已是个机器轰鸣的工地，那里封存了我的青春年华。

《三国演义》中，诸葛先生有祈禳之法，可以增寿一纪（十二年），且不说他并没有成功，就算成功，也不可能延出十二年的青春岁月。

正是“年来年去机中梭，去日苦多其奈何”！这是亘古以来，谁也无法逃避的天咒，也是让我们惆怅、纠结、恐惧的终极理由，除非能真正悟得出诸法空相。

好了，正所谓“弃我去者，昨日之日不可留”，既然无法昨日重现，那就只好期待以后的时光了，借古人的诗句，振奋一下精神吧：

拭目看新历，伤心惜去年。

湖山一舒啸，春信满梅边。

如果余生有幸，我还是喜欢做一个静居山林之间的人，像古时隐士那样生活，栽花种竹，品茗对月，任微风疏懒，流云自在。

江湖夜雨

2016年冬至